中國學術思想 研究輯刊

二一編

林慶彰 主編

第6冊

從「道術」、「方術」、「心術」觀念看
《荀子》與《莊子》間學術觀之繼承與發展

張尉聖 著

花木蘭文化出版社

國家圖書館出版品預行編目資料

從「道術」、「方術」、「心術」觀念看《荀子》與《莊子》間學
術觀之繼承與發展／張尉聖 著 -- 初版 -- 新北市：花木蘭文化
出版社，2015〔民 104〕
目 2+162 面；19×26 公分
（中國學術思想研究輯刊 二一編；第 6 冊）
ISBN 978-986-404-045-2（精裝）
1. 荀子 2. 莊子 3. 研究考訂
030.8   103027149

ISBN-978-986-404-045-2

9 789864 040452

中國學術思想研究輯刊
二一編　第六冊
　　　　　　　　　　　　　　　ISBN：978-986-404-045-2

從「道術」、「方術」、「心術」觀念看
《荀子》與《莊子》間學術觀之繼承與發展

作　　者　張尉聖
主　　編　林慶彰
總 編 輯　杜潔祥
副總編輯　楊嘉樂
編　　輯　許郁翎
出　　版　花木蘭文化出版社
社　　長　高小娟
聯絡地址　235 新北市中和區中安街七二號十三樓
　　　　　電話：02-2923-1455／傳真：02-2923-1452
網　　址　http://www.huamulan.tw 信箱 hml 810518@gmail.com
印　　刷　普羅文化出版廣告事業
封面設計　劉開工作室
初　　版　2015 年 3 月
定　　價　二一編 27 冊（精裝）台幣 50,000 元

從「道術」、「方術」、「心術」觀念看
《荀子》與《莊子》間學術觀之繼承與發展

張尉聖　著

作者簡介

張尉聖，目前就讀於中正大學中國文學系博士班。研究領域為先秦諸子、學術史、禪宗思想。曾經發表論文為〈從湯顯祖的情理概念看《牡丹亭》中杜麗娘的情志觀〉、〈《莊子‧天下篇》與《荀子‧非十二子篇》「道術」、「方術」觀念的承繼及其發展〉、〈張湛《列子注》中的道器論〉、〈葉夢得《石林詩話》自然含蓄的詩學觀〉、〈阮籍〈樂論〉的道器論〉。

提　　要

　　荀子與莊子作為戰國時代儒、道重要思想，同時面對諸子興起救弊的現象，於〈天下〉篇與〈非十二子〉篇中評騭各家學術，具有對比性。而考索荀子自然天的意涵及解蔽理論皆有所取於莊子的部分思想，並納入儒家的思維，要明晰荀子對莊子的繼承，從性質相近的文獻去比對後發現，由莊子所提出的「道術」、「方術」觀念表述「全」與「曲」的學術發展，認為諸子所得在於一偏，於「道術」未有真正體認，所以標舉道家體系的學說，以標明「道術」的價值合於「內聖外王」之道，古代「經術」亦包含在「道術」中。落實在《莊子》一書的「心術」便是以「三言」的方法去描述「體道」後的實踐狀態。

　　荀子繼承發展莊子由「曲」而「蔽」的觀念，以認知各種「方術」間的蔽端去「兼知」，得其大清明之心。荀子以「解蔽」超越諸子學立場，在〈非十二子〉篇便是完全建構「全」的價值去評判所有經世的方術，並對儒家內部展開針砭，此「全」即承繼自莊子的「道術」觀念，然而充以「禮義」的內涵，以此作為「治人」之術。並在莊子的「心術」觀念上以「解蔽」確立士君子成聖的積學之路，由此展現荀子對《莊子》一書的繼承與超越之道。

目次

第一章　緒　論

　　荀子與莊子是戰國末年對於各家學術提出體系觀念並評價得失的思想家，章學誠《文史通義》以爲莊、荀皆出子夏門人，〔註1〕嚴靈峰更考索《莊子·天下》篇以爲出於荀子或荀子弟子之手。〔註2〕從上述這些學者的研究中可以看出荀子對《莊子》一書的熟悉，使得學者們認爲兩人文獻中的學術觀念有其類同之處，今不論從學術淵源觀察兩人的師承，或從〈天下〉、〈非十二子〉兩篇學術文獻考據用字意涵相近之處，都可以讓人提出一個問題，何以儒、道兩家會發展出用字與觀念相近的學術文獻，這與兩人受所處時代的

〔註1〕章學誠以官師分離後，儒家尊六藝而奉以爲經，莊子與荀子提到「六經」之名，故言莊子與荀子皆出於子夏門人，認爲六經之名，起於孔門弟子亦明矣！見氏著：《文史通義校注·經解上》（北京：中華書局，2005年11月），頁93～94。然莊子提出六經之名的篇章爲外雜篇，內篇未見，故不宜據此論莊子出於儒門。

〔註2〕嚴靈峰從文本的義理內證莊子內篇以「道」爲最高境界，〈天下〉以「天」爲最高境界，並且涵攝了儒家「君子」及部分觀念，從而分析與荀子批評諸子的段落與〈天下〉評價有接近之處，又由篇中用字「神明」、「聖」、「王」、「百家」、「一曲之士」、「曲士」、「道術」、「方術」思想及文本內容的許多相近之處推論爲荀卿所作，嚴靈峰：〈論「莊子天下篇」非莊周所自作〉，收於《無求備齋學術論集》（台北：中華書局，1969年6月初版），頁414～455。然而從荀子評價莊子思想爲「蔽於天而不知人」，可以觀察出荀子所見的莊子型態近於以「天」爲最高境界的莊子思想內涵，而從荀子的義理結構中的「天人之分」與「解蔽」的方法都有取於莊子思想的成分，嚴氏所觀察這些相近的思想與段落，更可以看出荀子受到莊子影響的程度，而〈天下〉的價值取向與評價對象的重點與〈非十二子〉不同，且從莊子思想中可以觀察發展出這樣的學術觀的條件與工具，故應以兩者的影響來考察兩篇學術文獻，不應據以斷定兩篇皆出於荀子。

學術背景是否有關呢？兩人的學術觀念是否有彼此繼承及影響之處呢？

考察莊、荀兩人性質最相近，且同是對於當時學術現象提出觀察批判的〈天下〉篇及〈非十二子〉篇〔註3〕中學術批評觀念的差異及發展，當有助於釐清《莊子》一書與《荀子》一書對於諸子學術問題的看法，並瞭解兩書概念中的相似性及繼承關係。同時，檢核《荀子》及《莊子》中對於「道術」、「方術」觀念的內涵及學派標準，除了可進一步明白《莊子》一書與《荀子》間對於「道術」與「方術」內在意涵，由此以探究《荀子》對《莊子》一書的思想繼承及發揮之處，尚可延伸到這兩篇學術文獻影響所及的漢代司馬談〈論六家要旨〉〔註4〕及班固《漢書・藝文志諸子略》〔註5〕的學術分派問題。

第一節　問題意識

關於莊子與荀子的關係，見於司馬遷《史記・孟子荀卿列傳》記錄荀子對莊子的看法：

> 荀卿嫉濁世之政，亡國亂君相屬，不遂大道而營於巫祝，信機祥，鄙儒小拘，如莊周等又猾稽亂俗，於是推儒、墨、道德之行事興壞，序列著數萬言而卒。因葬蘭陵。〔註6〕

〔註 3〕 關於兩篇文獻的先後問題，〈天下〉篇有定於「漢初說」及「先秦說」，根據劉笑敢考察莊子各篇的篇題都是有規律的以篇首字為命名，認為〈天下〉早於〈至樂〉且定於「先秦說」。詳參劉笑敢著：《莊子哲學及其演變》（北京：中國社會科學出版社，1993 年 3 月一版一刷），頁 48。另徐漢昌先生認為此篇最遲應不晚於漢代《淮南子・要略》。見氏著：《先秦學術問學集》（高雄：復文圖書出版社，2006 年 4 月初版），頁 35。劉榮賢根據「舊法世傳之史」中尚多可見一句，推論該篇應作於秦焚燬周代與諸國的王官政典之前的戰國末期，其時猶可見大量的周代與列國文獻。見氏著：《莊子外雜篇研究》（台北：聯經，2004 年 4 月初版），頁 467。〈天下〉篇作者說法根據汪培整理約略可以分為一、莊子自作說。二、莊子後學所作說。三、儒家所作說。四、其他舊說：如淮南王劉安所作說。汪培認為於莊子後學所作的說法，於諸研究的整理分析中認為最為可信。見氏著：《《莊子・天下》篇研究》（華東師範大學中國語言文學系碩士論文，2008 年），頁 1～6。

〔註 4〕 〔漢〕司馬遷，〔宋〕裴駰集解，〔唐〕司馬貞索隱，〔唐〕張守節正義：《史記》（北京：中華書局，1997 年 9 月），頁 3288～3292。

〔註 5〕 〔漢〕班固，陳國慶編：《漢書藝文志注釋彙編》（台北：木鐸出版社，1983 年 9 月初版），頁 99～165。

〔註 6〕 〔漢〕司馬遷，〔劉宋〕裴駰集解，〔唐〕司馬貞索隱，〔唐〕張守節正義：《史

荀子面對征戰連年的濁世，看到亡國與君王失德無道的時代問題，因此，他針對當時諸子學說的弊端有感而發，批判莊子與儒、墨的思想，並分析道德的學說與政治上興亡盛衰的事以矯治時弊。其中，他認為莊子的學說言行滑稽，容易敗壞風俗，且在〈解蔽〉篇提出莊子「蔽於天而不知人。」〔註7〕明確對莊子學說提出批評，可見荀子對於莊子思想必然有一定的了解。

當我們討論莊、荀兩家對於「學術」的看法時，必然要觀察到學術性質、宗旨、成員、活動、效應、關係及影響。戰國時代諸子的議論正是學術發展的社會條件。《莊子・天下》篇〔註8〕討論墨翟、禽滑釐、相里勤、鄧陵子、宋銒、尹文、彭蒙、田駢、慎到、關尹、老聃、莊周、惠施、公孫龍，文中隱約從墨家、黃老、道家、名家的學派師承一路論述，學派之間隱然又有與整全的「道術」間具有思想發展的關聯性。所以《莊子・天下》討論學術的「宗旨」便是站在由「道術」觀念派生諸子「方術」觀點的思索，注重學術起源及發展，這是舉出成員討論關係及效應，從而彰明道家思維下的學術性質及其傳承，並在此思維下對於從「道術」的角度對治道提出看法，以「心術」形成莊子學術面對諸子治道思維的回答。

至於荀子提出評價莊子思想的〈解蔽〉篇，總評墨翟、宋銒、慎到、申不害、惠施、莊周，明顯無學派承繼觀念，〔註9〕純粹為針砭各人學術學說之所見與蔽端。然而荀子於〈非十二子〉篇則雖未提出對《莊子》一書的評論觀點，但在此篇帶入具有「學派」、「學說」的學術觀念的「方術」意涵，由觀察諸子學派的侷限去批判諸子學派的思維，提出它囂與魏牟、陳仲與史鰌、墨翟與宋銒、慎到與田駢、子思與孟軻、惠施與鄧析其十二人分為六說，這是討論諸子「方術」中的成員，並在文末針對儒家內部的做了一次批判，提出子張氏之賤儒、子夏氏之賤儒、子由氏之賤儒，對於儒家後學的流弊問題提出看法，這屬於學術「宗旨」的部分，即價值主張及議題中的特別意見，針對的是「儒家」內部成員的活動作為批判的原因，荀子以「方術」的角度

記》，頁 2348。

〔註 7〕 荀子著，李滌生集釋：《荀子集釋》（台北：台灣學生書局，1979 年 2 月初版），頁 478。本文所據荀子原文皆引自此書，後僅括號標明篇名及頁數。

〔註 8〕 〔清〕郭慶藩集釋，王孝魚整理：《莊子集釋（下）》（台北：萬卷樓，1993 年 3 月初版二刷），頁 1065～1115。本文所據莊子原文皆引自此書，後僅括號標明篇名及頁數。

〔註 9〕 荀子著，李滌生集釋：《荀子集釋》，頁 478。

去思索儒家的現實處境與當代問題，對於其弊端提出批判，這是屬於儒家思維的學術性質。落實在荀子的「心術」觀念中，是作爲學術方法來使用，從而建構屬於儒家的學術價值。

　　本論文便是要針對《莊子》一書與《荀子》一書形成「道術」觀念的內涵異同作一分析，並看《荀子》一書如何借鑑《莊子》一書的學派的觀念而發展其針對流派「方術」之蔽而提出對於諸子學術的批判和省思，最後在兩人共同使用的「心術」觀念下建構出不同價值立場的學術意義，以此觀察這兩個型態的學術觀的差異。

第二節　文獻探討

　　目前學界對於討論莊子與荀子各自思想體系，或各自在道家譜系與儒家譜系間的思想關連的論文十分豐碩，道家譜系如柳存仁〈道家與道術〉〔註10〕便是以「道術」爲核心考索先秦到東漢關於道家思想的內部關連，認爲《莊子》一書固然受到《老子》影響，但依《莊子・天下篇》將關尹、老聃和莊周「道術」分裂爲兩個支派，莊子是繼承道家靜方面的部分，可以發現在對道家內部學術作分派時《莊子・天下篇》對於表述「道術」所具有的關鍵性位置。儒家譜系如周羣振〈荀子之心術觀與性惡觀——由孔孟學統對較下顯見底荀子心性思想之實指〉〔註11〕提出荀子心性論的基礎以認知義說心而謂之「心虛（術）」，以私欲說性而謂「性惡」，「心術」便是指荀子對於心之爲心的一個整全的看法，然而周氏將「虛」、「壹」、「靜」而達致的「大清明」都歸爲「術」的作用，而否認荀子的心有本體義，僅具有認知活動的作用，然而心若不具有實體義，又如何由「心術」而知禮義，從而實踐爲眞誠的「士君子」。而項退結：〈心術與心主之間——儒家道德哲學的心理層面〉一文則分析出《莊子》、《荀子》、《管子》中的「心術」都是指治心之道與治心之術，〔註12〕提出以「心術」一詞的內在意涵考索出重要的概念上承繼的關連。而李美燕〈孔、孟、荀三子對於「欲」的省察與對治之道〉一文

〔註10〕柳存仁：〈道家與道術〉，《中國文哲研究集刊》第十一期（1997 年 9 月），頁137～163。

〔註11〕周羣振：〈荀子之心術觀與性惡觀——由孔孟學統對較下顯見底荀子心性思想之實指〉，《孔孟學報》第三十一期（1976 年 4 月），頁 181～216。

〔註12〕項退結：〈心術與心主之間——儒家道德哲學的心理層面〉，《哲學與文化》第十二卷第九期（1985 年 9 月），頁 593。

〔註 13〕則分析出荀子從人的生理與心理層面對於「情欲」的洞識，認爲「情欲」將導致「心術」上的蔽害。

　　專文比較莊子、荀子兩人或兩書學術思想差異的碩博士論文國內未見，然而部分單篇處理荀子思想的論文已經討論了荀子對莊子的繼承現象，〔註 14〕並且處理到荀子對百家之學相反相承的影響與啓發。〔註 15〕關於兩者間互相影響的徵實文獻多見於單篇期刊的探討如何志華〈荀卿部分論說源出辯莊證〉〔註 16〕是討論莊、荀關係且具有實徵性的論文，其文所舉出的材料是僅見以主題性討論荀子借鑒《莊子》一書觀念的專題論文，提出許多關鍵性的文獻證據。嚴靈峰：〈論「莊子天下篇」非莊周所自作〉〔註 17〕一文從篇中用字「神明」、「聖」「王」、「百家」、「一曲之士」「曲士」、「道術」、「方術」思想

〔註 13〕李師美燕：〈孔、孟、荀三子對於「欲」的省察與對治之道〉，《中正中文學報年刊》第三期（2000 年 9 月），頁 59～82。

〔註 14〕邱惠聆以内七篇與外雜篇的傳統區隔作爲分判，而論述莊子到後學修養觀的發展，並與西方人本心理學作一比較對話，並認爲外雜篇的蘊理才契合荀子所言的「蔽於天而不知人」。見氏著：《《莊子》内篇及外雜篇修養論之比較研究》（淡江大學中國文學系碩士論文，2000 年）該作者提出的重要成果爲歸納外雜篇中人格境界的層次區分意涵，如〈駢拇〉中聖人與小人、士、大夫有層次區分。（頁 131）此部分荀子有所繼承吸收，而在「儒」中區分層次。

〔註 15〕簡淑慧以「分」字的意涵區別荀子書中有作爲「分別」及「本分」二義的區別，「禮」即是將此「分別」或「本分」客觀化所形成，從而論述荀子重智的思想體系。見氏著：《從分字論荀子思想之基礎》（國立政治大學中國文學研究所碩士論文，1988 年）吳靜如則從荀子「人格」建立的標準論述荀子思想，分析出荀子對於人格所作的分等與價值觀，如以「俗人」、「庸人」、「眾人」與「民」指一般人民，是最基礎的人格：其上爲「士」，分爲「直士」、「愨士」、「勁士」、「法士」、「通士」、「公士」：其上爲「君子」，其特性爲「修身」、「知道」、「言道」、「行道」、「守道」，最高境界能貫通萬化之理的爲「聖人」。又在「儒」的學派性質中區別「俗儒」、「散儒」、「陋儒」、「小儒」、「雅儒」、「大儒」，其對人格區分標準在「知明行修」與「義利之辨」。這些人格觀念的影響除了孔子之學，諸子百家學說對於荀子都有相反相承的影響與啓發。見氏著：《荀子思想中人格的實踐與開拓》（國立政治大學中國文學研究所碩士論文，1988 年）劉駕軍則從荀子基本的思想如勸學、修身、天論、禮樂、性惡展開建構荀子的道德哲學架構，並觀察出荀子與諸子學說關係密切。見氏著：《荀子道德哲學之研究》（國立台灣大學哲學研究所碩士論文，1973 年）。

〔註 16〕何志華：〈荀卿部分論說源出辯莊證〉，《莊子國際學術研討會論文集》，華東師範大學，11 月 7 日～10 日，頁 265～273。

〔註 17〕見氏著：《無求備齋學術論集》（台北：中華書局，1969 年 6 月初版），頁 414～455。

及文本內容的許多相近之處提出許多重要的相近概念與段落，然而據以推論〈天下〉爲荀子所作，實爲未針對兩書間學術立場與學術觀念的差異去分析觀察，而獨以相近觀念的使用便斷爲同一人所作，證據不充分，應從影響與發展來看更符合學術發展與諸子交涉的情形。又如何炳棣〈從莊子《天下》篇首解析先秦思想中的基本關懷〉〔註 18〕則考索「道術」一詞爲墨家所先使用，認爲先秦「道術」所關懷的不是宇宙本原而是生民之理，然而其文並未思索「道」的確是從現實人生的體察經由辯證法抽象化而來，「術」確有方法意涵，兩者在不同思想家中其實有不同的內涵，所以何氏認爲莊子與墨家都用「道術」的觀念來表述，認爲兩者關懷是一致的，獨以觀念的使用便認爲兩者關懷傾向一致性這樣的結論是應再商榷。

多數期刊論文的面向大多從兩者觀念差異比較作爲探討，如伍振勤〈兩種「通明意識」——莊子、荀子的比較〉〔註 19〕；或討論兩者的思想上的異同，王邦雄〈由老莊道家析論荀子的思想性格〉〔註 20〕、張亨〈荀學與老莊〉〔註 21〕，兩者都著重在辨明莊、荀兩人同而不同的思想成分，但對於兩人的關係與觀念的學術關連性大多闇而未發或粗略帶過。而胡楚生的〈試析荀子對於老莊思想的批評〉一文〔註 22〕討論了《荀子》一書中對於學術評價的〈非十二子〉、〈天論〉、〈解蔽〉三篇中荀子對於老子與莊子思想的批評意見，僅注意到荀子學術評價中屬於老子與莊子的部分，然已經觸及兩者思想間的同而不同的部分，如荀子同莊子都認識到「天」的自然本質，但荀子以「人」爲本位，以「人」作爲宇宙的中心。但同上述論文一樣，仍未觸及兩者間觀念繼承關係的深入討論，更未針對兩者評價諸子的學術討論部分去建構莊子與荀子學術觀的差異。

依目前的文獻觀察，從莊、荀兩人間具有學術討論的文獻入手，根據文獻中「道術」、「方術」觀念的淵源及內涵的釐清，從而分析莊荀兩人在「道」

〔註 18〕 何炳棣：〈從莊子《天下》篇首解析先秦思想中的基本關懷〉，《中央研究院歷史語言研究所集刊》（2007 年 3 月），第七十八本第一分，頁 1～34。

〔註 19〕 伍振勤：〈兩種「通明意識」——莊子、荀子的比較〉，《漢學研究》第二十一卷第二期（2003 年 12 月），頁 1～29。

〔註 20〕 王邦雄：〈由老莊道家析論荀子的思想性格〉，《鵝湖學誌》第二十七期（2001 年 12 月），頁 1～31。

〔註 21〕 張亨：〈荀學與老莊〉，《思與言》第五卷第四期，1967 年 11 月，頁 14～17。

〔註 22〕 胡楚生著：《老莊研究》（台北：臺灣學生書局，1992 年 10 月初版），頁 295～319。

與「物」的關係下對「心術」觀念所提出的方法，去彰顯彼此的學術「標準」差異，從而觀察兩人依不同立場建構的學術觀在方法所具有的繼承關係與發展者，這樣的研究觀點在碩博士論文及期刊並未見，所以本論文之主題具有一定的研究價值，筆者之研究將能彰顯儒、道兩家的學術觀，及在先秦各自對於學術觀念的思考發展。

第三節　研究範圍與方法

本論文旨在探討荀子如何在學術觀的方法及學術觀念的思維上借用莊子的思想，所以主要的研究文獻以《莊子・天下》篇與《荀子・非十二子》篇為主，並溯源兩篇文獻中各自發展自《荀子》與《莊子》一書中的核心觀念，從而考索荀子是如何在批判莊子思想的立場下吸收莊子的觀念與方法，在晚年完成這篇站在儒家立場對內部展開批判的〈非十二子〉篇。

本論文所使用的文獻版本以〔清〕郭慶藩撰，王孝魚整理《莊子集釋》及李滌生著《荀子集釋》為主，並參考重要名家的校注本對勘文字及詞義的異同，同時在莊、荀各自的思想內涵中尋找相關的概念及意涵，以佐證兩者的影響。

現存《莊子》一書分為內篇七、外篇十五、雜篇十一。因為莊子其人經歷的隱晦，而內、外、雜篇的編定與分判又為後人所整理，〔註23〕所以《莊子》一書組成思想來源複雜，包括莊子自己所言，弟子記錄莊子所言，弟子發展莊子思想的成分，與雜入其他道家學派的思想。故研究上應從各篇「段落」中的觀念連貫性質來看各篇的組成，並要從段落中的「觀念」間的聯繫關係找出內在的脈絡，從中區別「觀念」的來源與「觀念」作為工具性的使用兩者的差別。莊子評價學術的「道術」觀念一詞於內篇已經出現，且通觀全書，由「道」觀察萬物與學說的觀點從內、外、雜一脈相承發展，道家對於各家學說以超越的「道」之角度予以審視的方式本來就是莊學思想中最核心的成分。

現存《荀子》一書三十二篇，其組成大體為荀子親手所著，並雜以弟子所記述的荀子言行，及荀子所整理纂集的資料，並插入弟子之作。〔註24〕在

〔註23〕今存的莊書是由郭象刪定損益而成篇。雖分為內外雜，於郭象注中並沒有輕重之分，都視為莊學思想的成分。故本文仍將內外雜視為莊學先秦時整體發展的面貌來作為論述。

〔註24〕根據廖明春的考索與分類，荀子所親著者為〈勸學〉、〈修身〉、〈不苟〉、〈榮

學術的態度上，荀子對於諸子學問的觀察及取用的趨向十分明顯，考諸戰國時的學術觀，只有〈天下〉篇最明顯提出學派及淵源的觀念。從荀子的〈天論〉觀察仍屬於概括主旨式的學術觀，但已經出現「解蔽」觀點的思辨性，對比〈非十二子〉針對諸子及儒家內部提出學術價值與學術評判的作法，與〈天下〉篇評價道家學派的方式如出一轍，由此可以看出荀子接受到了《莊子·天下》篇對於學派觀念的學術觀，並從中可以看出〈天下〉與〈非十二子〉思想觀念的先後關係，加上考諸荀子弟子韓非的學術觀因受業於荀子的影響，在其學派思維中提出儒、墨顯學間傳承的學派情形，可見從莊子、莊子之學的運用到荀子與其弟子韓非間，對於「學派」觀念的承繼與發展。

故本文是以莊子使用「核心觀念」的承繼與發展的脈絡觀察《莊子》一書，並認為先秦中唯一提出對莊子學術評價的荀子，其所評價的「莊子思想」型態，考諸荀子生存年代與《莊子》一書內、外、雜篇成篇最晚時間點上接近〔註25〕，故本文將《莊子》一書的思想統攝為荀子所見的「莊子思想」來作分析，而以通觀內、外、雜篇中最核心的觀念與方法來作為荀子視域中的「莊子思想」，並以此作為分析的重點，將荀子於觀念思想上對於「莊子思想」中有所取用並承繼的部分加以分析，並敘述荀子認為《莊子》一書有所蔽而對其批判的標準，從而建構荀子自己的觀念與方法，由此看出不同思想家間觀念及方法的轉移與發展，這即是一種還原當時戰國諸子怎麼看待自身學問與學術的鑑別方法，因為思想之所以有存在的價值，往往必須有批判辯論及發展才能成一學問，繼而成為整個時代的學術思潮。

本文附錄一以文獻考據的方式建構莊子與荀子的年表及文獻繫年，務求對於兩者的關係能夠有一個徵實的觀照面。方法上將運用「學術觀」的方法對這兩篇各自建構的學術型態做一個內涵及價值的檢核，確認兩者的立場及

辱〉、〈非相〉、〈非十二子〉、〈王制〉、〈富國〉、〈王霸〉、〈君道〉、〈臣道〉、〈致士〉、〈天論〉、〈正論〉、〈禮論〉、〈樂論〉、〈解蔽〉、〈正名〉、〈性惡〉、〈君子〉、〈成相〉、〈賦〉等二十二篇；為荀子弟子記述荀子言行的為〈儒效〉、〈議兵〉、〈強國〉、〈大略〉〈仲尼〉五篇；為荀子所整理纂集的資料並插入弟子之作的為〈宥坐〉、〈子道〉、〈法行〉、〈哀公〉、〈堯問〉五篇。見氏著：〈《荀子》各篇寫作年代考〉，《哲學研究》（1990 年復刊），頁 52。雖然部分篇章為弟子所纂集，然而考索思想內涵並未出離於荀子的立場，故仍視為一思想的發展整體。故本文於引用荀子後學編纂文獻時以《荀子》一詞作為區隔。

〔註25〕 謝君萍根據文獻資料及地下出土材料論證，今本《莊子》外、雜篇，除郭象以後人竄亂者外，大體成書於先秦。見氏著：《莊子後學與《老子》、黃老之學關係研究》，國立中山大學中國文學研究所，2007 年，頁 43～47。

彼此借用及發展的部分爲何，最後立於當代學術的意義與視野下，對於《荀子》如何繼承發展《莊子》一書以「道術」、「方術」、「心術」建構的學術觀做出討論。

第四節　名詞釋義

關於「道」、「術」、「心」的字義，根據許慎《說文解字》：

𧗟，所行道也。一達謂之道。（〈二下〉）〔註26〕

�，邑中道也。（〈二下〉）〔註27〕

𖠚，人心土藏在身之中。或爲火藏。（〈十下〉）〔註28〕

𖠚，併船也。（〈八下〉）〔註29〕

根據《說文》「道」之本義爲「道路」，並引申爲「道理」之義。故「道」的本義可以作爲道理、主張使用。「術」之本義爲國中之道，可通於「道」之義，然使用上較偏重在方法的意義上。「心」之本義爲藏於身中的「土」或「火」，指「心神」，即藏於身中的意識。「方」之本義爲「併船」，將兩船併爲一，具有合併與方法的意涵，本義爲亦可通於「道」之義。

一、道術

（一）《莊子》一書使用「道術」的意涵

可以分成兩種意涵，一爲體證「道」的境界，一爲實施「道」的方法，如下表一「道術」詞義表：

文　獻	意　涵	篇　名
人相忘乎「道術」〔註30〕	成玄英《疏》〔註31〕：亦猶人處大道之中，清虛養性，無事逍遙，故得性分靜定而安樂也。（指人能因爲修養而達到逍遙於「道」的渾全境界中，心性修養能全其本性與和諧，指體證「道」的修養境界之狀態）	〈大宗師〉，頁272

〔註26〕〔漢〕許慎著：《說文解字》（北京：中華書局，2003年），頁42。
〔註27〕〔漢〕許慎著：《說文解字》，頁44。
〔註28〕〔漢〕許慎著：《說文解字》，頁216。
〔註29〕〔漢〕許慎著：《說文解字》，頁176。
〔註30〕〔清〕郭慶藩集釋，王孝魚整理：《莊子集釋》，頁272。
〔註31〕本文詮釋「道術」、「方術」之義之所以詮釋上多採用成玄英的觀點，是因爲

古之所謂「道術」者	成玄英《疏》：上古三皇所行道術，隨物任化，純樸無爲。（指以「道」治民所達成的效果爲「隨物任化」的「無爲」境界，指實施「道」的方法所致治世境界）	〈天下〉，頁 1065
「道術」將爲天下裂	成玄英《疏》：儒道名法，百家馳騖，各私所見，咸率己情，道術紛紜，更相倍譎，遂使蒼生措心無所，分離物性，實此之由也。（百家學說對於「物性」之見就是分離「道術」的原因）	〈天下〉，頁 1069～1072
古之「道術」有在於是者	諸子各以私情分離「道術」後產生的學說意見。	〈天下〉，頁 1072～1098

　　從《莊子》一書的用例中，可以發現「道術」〔註32〕從〈大宗師〉篇的境界義，而指涉了修養的層次與治世層次，於〈天下〉篇中落實爲方法義與學術義，指諸子對於渾全的「道術」各有所見的一面而造成一己侷限性的看法，從而形成百家之見。

（二）《荀子》一書使用「道術」的意涵

　　僅具有「學術價值」的意涵，如下表二《荀子》「道術」詞義表：

文　獻	意　涵	篇　名
雖不能盡「道術」	學術價值	〈哀公〉，頁 654

　　《荀子》一書使用「道術」意涵則爲學術義與價值義。

二、方術

（一）《莊子》一書使用「方術」的意涵

　　《莊子》一書對於「方」義，除了經常使用「方位」或「方其時」等副

　　成玄英不僅注意到內、外、雜對於莊子成分間的差異，如內篇重理本、外篇以事跡爲主，雜篇雜明於兩者的篇章結構。而對於《莊子》書中的「方」字觀察出了屬於道家修養的「道術」意涵，故本文採納成說爲意涵組成的主要詮釋說法。

〔註32〕 陳修武區別近代學術特質是以「我」來觀察並思考「物」的「學術」方式中成就學問，然而儒、釋、道皆自「我」而發，雖有時必須使用到「物」，但皆以「我」爲中心。「道術」之所以不同於「學術」在於它一切都是由「我」而發，並非觀「物」所得。陳修武：〈「學術」與「道術」──兼論孔孟「學術」特質〉，《孔孟月刊》第二十三卷第三期（1984 年 11 月），頁 5。然而在莊子使用「道術」義中，除了強調「我」的境界與方法義外，亦有重視「物」的學術義。荀子使用「道術」上則是近於近代學術特質，然仍有義理性的價值「禮義」統貫其中。

詞的用法外，大多指「道」或「道術」言，部分具有「方法」或「技藝」、「藥方」的意義，故通觀《莊子》一書，「方」多是體證「道」的方法，「方術」於〈天下〉篇中的使用意義，是從學術史的觀察中進一步發展為諸子對「道」有所聞的學問觀念。如下表三《莊子》「方術」詞義表：

文　獻	意　涵	篇　名
敢問其「方」（公孫龍問於魏牟）	成玄英《疏》：方，道也。（指請教體證「道」的方法）	〈秋水〉，頁 597〜598
子游曰：「敢問其『方』。」	成玄英《疏》：方，道術也。雖聞其名，未解其義，故請三籟，其術如何。（請教體證「道」的方法）	〈齊物論〉，頁 45
顏回曰：「吾無以進矣，敢問其『方』。」	成玄英《疏》：顏生三術，一朝頓盡，化衛之道，進趣無妨，更請聖師，庶聞妙法。（請教體證「道」的方法）	〈人間世〉，頁 146
與之為『無方』，則危吾國；與之為『有方』，則危吾身	成玄英《疏》：方猶法。（具有治道的意涵）	〈人間世〉，頁 164
孔子曰：「彼，遊『方之外』者也；而丘，遊『方之內』者也	成玄英《疏》：方，區域也。彼之二人，齊一生死，不為教跡所拘，故游心寰宇之外。	〈大宗師〉，頁 267〜268
子貢曰：「然則夫子何『方』之依？」	成玄英《疏》：方內方外，淺深不同，未知夫子依從何道。	〈大宗師〉，頁 271
多「方」乎仁義而用之者，列於五藏哉！	成玄英《疏》：方，道術也。（指請教體證「道」的方法）	〈駢拇〉，頁 311〜313
動於無「方」，居於窈冥	成玄英《疏》：夫至樂之本，雖復無聲，而應動隨時，實無方所，斯寂而動之也。（指方所之意）	〈天運〉，頁 507〜509
彼未知夫無「方」之傳，應物而不窮者也。	成玄英《疏》：方猶傳也。	〈天運〉，頁 513〜514
吾長見笑於大「方」之家	成玄英《疏》：方猶道也。（指大道）	〈秋水〉，頁 561〜563
是謂無「方」	成玄英《疏》：譬彼明鏡。方茲幽谷，逗機百變，無定一方也。（指對應萬物無方）	〈秋水〉，頁 585〜586
大義之「方」	成玄英《疏》：正是語大道之義方，論萬物之玄理者也。	〈秋水〉，頁 585〜587
覆卻萬「方」陳乎前而不得入其舍	成玄英《疏》：方者，併也。	〈達生〉，頁 642〜643
乃蹈乎「大方」	成玄英《疏》：方，道也。（指大方之道）	〈山木〉，頁 672〜673

孔子曰:「願聞其『方』。」	成玄英《疏》:方,猶道也。(指至美至樂之道)	〈田子方〉,頁 714
「大方」體之	成玄英《疏》:萬物之形,各有方術,蜘蛛結網之類,斯體達之。(萬方俱得,所以爲大方也)	〈徐無鬼〉,頁 871〜873
夫胡爲於「大方」?	成玄英《疏》:方,道也。(指大道)	〈則陽〉,頁 917〜919
天下之治「方術」者多矣	成玄英《疏》:方,道也。(指治道藝術,或有聞於道的學問)	〈天下〉,頁 1065
天下之人各爲其所欲焉以自爲「方」	成玄英《疏》:心之所欲,執而爲之,即此欲心而爲方術,一往逐物,曾不反本,欲求合理,其可得也!既乖物情,深可悲嘆!	〈天下〉,頁 1071〜1072
惠施多「方」	成玄英《疏》:既多方術。(指雜採許多道理與學說)	〈天下〉,頁 1102

從《莊子》一書的用例中,根據成玄英的《疏》「方術」多是指如何體證「道」的方法,故成玄英亦有將其解釋爲「道術」之義者,然而此不同於「道術」作爲概念詞所具有的修養與境界意涵,在此多處「方」被解爲「道」與「道術」偏向於修證的「方法」,故不同於「道術」作爲概念詞具有的境界與價值意涵,此應仍歸於「方術」所具有的方法意涵。故「方」具有方法義,可以落實爲治道義,並其實踐的最高層次是爲了通於境界義,然而在〈天下〉中則形成學術立場與價值的學術義與學問義。

(二)《荀子》一書使用「方術」的意涵

荀子對於「方」義,除了作爲一般字義上「方位」及「方其時」等副詞使用外,荀子的「方」多具有「方法」意義,使用上單詞爲「方」,複詞爲「方略」,都是「方法」的意涵。然而僅有〈非十二子〉篇的「方略」一詞與〈堯問〉「方術」一詞明確是以「學說」及「學派」觀點使用。如下表四《荀子》「方術」詞義表:

文　　獻	意　　涵	篇　　名
故禮恭,而後可與言道之「方」	治學方向,此指儒道。	〈勸學〉,頁 17
盡天下之「方」也	言小小的曲尺,可以量盡天下之方。	〈不苟〉,頁 50〜51
鄉「方略」	方策謀略。	〈仲尼〉,頁 116〈王霸〉,頁 232〜233
臣下百吏莫不宿道鄉「方」而務	正確的方向,義也,道也。	〈王霸〉,頁 241〜242

先王立樂之「方」也	宗旨。	〈樂論〉，頁 456
古者先王審禮以「方」皇周浹於天下	言古者先王窮究於禮，大智週徧於天下，一舉一動無不曲得其宜。	〈君道〉，頁 267～269
推類接譽，以待「無方」	舉統類而應之，以待非常之事。	〈臣道〉，頁 290～291
若夫總「方略」	治國之大道。	〈非十二子〉，頁 100
「方術」不用	學說。	〈堯問〉，頁 681

　　《荀子》使用「方術」上偏向學問義，故可以通於宗旨義、方法義，並具有學術義。

三、心術

（一）《莊子》一書使用「心術」的意涵

　　多為精神心智之義，落實在現象界的方法，如下表五《莊子》「心術」詞義表：

文　　獻	意　　涵	篇　　名
「心術」之動	成玄英《疏》術，能也。心之所能謂之「心術」也。（指精神心智）	〈天道〉，頁 468～469

　　《莊子》一書使用「心術」多偏向認知義與方法義。

（二）《荀子》一書使用「心術」的意涵

　　多為心知活動之義，如下表六《荀子》「心術」詞義表：

文　　獻	意　　涵	篇　　名
「心術」善	心知活動。	〈非相〉，頁 73～74
此「心術」之公患也。	人類運用思想方法。	〈解蔽〉，頁 474～475
聖人知「心術」之患	人類運用思想方法。	〈解蔽〉，頁 482
養心之「術」	治氣養心之道在於禮。	〈修身〉，頁 27～28

　　荀子使用「心術」偏向認知義與方法義。〔註33〕

〔註33〕項退結將從《莊子》、《荀子》、《管子》中意涵一致的「心術」（治心之術）定義為處理或影響一切心理過程的方法或技術，包括最高超的精神修養方法及最庸俗的宣傳或所謂的「行為技術」。項退結：〈心術與心主之間——儒家道德哲學的心理層面〉，頁 17。

第二章 《莊子》「齊物」思維下 「道術」與「方術」觀念

　　莊子衝破了人心對於相對價值觀的自我封限，以道心來觀照萬物之自然而然，在這個層次上說「齊物」，在道心的觀照下通於絕對的「一」的境界。〔註1〕這個通達於「一」的思維即是莊子泛觀萬物最重要的「齊物」思維，莊子以此確立萬物根源於「一」，而此道通爲一的思維落實於學術觀，便有了〈天下〉中諸子「方術」皆源於「道術」的觀念。

　　《莊子・天下》篇對於諸子學派中的「方術」，皆以「道術」確立「內聖外王」作爲評價的標準，〔註2〕並針對先秦幾個學派做了扼要的敘述和批

〔註1〕 李美燕：〈析論《莊子》〈齊物論〉：由「相對」通達「絕對」的辯證思維與詭辭語言——兼與〈秋水篇〉作一比較〉，《國立屏東師範學院屏東師院學報》第九期（1996年），頁350。方東美亦認爲莊子深知一切用語言文字去陳述對眞理的了解，都是構成相對的系統，都具有「是」、「非」對照產生彼此相待。所謂「莫若以明」便是一切哲學眞理的述說，都是相對的系統，在相對系統中，你不能拿「此」來否定「彼」，也不能拿「彼」來否定「此」，卻必須容忍、容納、承認別人對於這一個問題，也同樣有權力和自由去表達，去形成一個理論。方東美著：《原始儒家與道家哲學》（台北：黎明文化事業股份有限公司，1985年11月），頁275～276。王邦雄分析出老莊思想將天下百家的物論納入萬竅怒號的詮釋系統中，每一家每一教都是地籟之一，也都是天籟，讓儒墨「自是而非他」的「是非」紛擾，回歸儒墨「皆是而無非」的「物論」自在。見氏著：王邦雄：〈由老莊道家論齊物兩行之道〉，《鵝湖學誌》第三十期（2003年6月），頁56。這種對於諸子「眾理」的辯證超越的思維，即是齊物的思維。

〔註2〕 根據崔大華的考索，〈天下〉篇的語句概念與外雜篇，特別是〈天道〉、〈知北遊〉、〈秋水〉等篇具有主要相似的特徵性概念，「道術無乎不在」與「內聖外王」便是來自〈知北遊〉：「道無所不在」都同於〈齊物論〉：「道通於一」的

評，文中首先對各種「方術」的流派進行整理與評價，進一步追溯和回顧各種學派的淵源和流變，提出諸子的「方術」淵源都可以追溯到古代「道術」的看法。

　　《莊子》一書中使用「道」的概念意義很豐富，具有本體意義，是世界之起源及本質的觀念，〔註3〕「道術」一詞便是指古代的天人、神人、至人、聖人對大道進行全面體認的學問，它包含了宇宙一切真理，這是從認識層次的提升去談「道」，〔註4〕而《莊子‧天下》篇即由此論述道家發展的階段，〔註5〕認為「道術」是至人等體道人格所認識到的境界，「方術」則是後世百家曲士不能繼承古人這種體道精神，僅執自己的看法偏見來評判天地，究析萬物的道理，結果就使得「道術」分裂，成為各種各樣的「方術」，所以「方術」就是對大道某一方面有所「聞」的學問，《莊子‧天下》篇由此對天下之治「方術」者做了學派的分類，並從各派學說的起源和價值進行了評價，確立「道術」的價值意涵。今若要明白「道術」的具體內容，關鍵便在〈寓言〉與〈天下〉篇提到的「三言」作為表述「道術」的方法。

第一節　「三言」作為「道術」的表述方法

　　考索《莊子》一書文獻，對於「三言」的說法出現於〈寓言〉與〈天下〉篇二篇，茲先比對兩篇意義，其原文如下：

思想與〈天道〉：「靜而聖，動而王。」這屬於後期莊子融會儒家思想後形成的新的思想。見氏著：《莊學研究》（北京：人民出版社，1997 年 5 月初版三刷），頁 101～103。由此可見由〈天下〉篇具有的觀念基本與內、外、雜篇具有一致性，並且於觀念上有所發展。

〔註3〕　以道為世界的本根，不起於莊子，而起於老子。詳參劉笑敢著：《莊子哲學及其演變》，頁 103。

〔註4〕　王志楣分析出莊子旨趣指向言道，但對「道」的表述方式結合具體與抽象，使虛實、有無、情理融為一體。可於莊子言道的語言中分析出「感官的經驗」、「理性的思維」、「直觀的體悟」三個認識層次。這些關於道術的例子都是依恃經驗實踐的基礎上，用形象的背景、人物、對話與誇張生動的手法，導引出體道的過程、方法與結論。見氏著：《莊子生命情調的哲學詮釋》（台北：里仁書局，2008 年 9 月初版），頁 205。

〔註5〕　馮友蘭認為〈天下〉篇便是以「道家為主」，認為發展有三個階段，第一階段代表人物為彭蒙、田駢、慎到，第二階段是老聃，第三階段是莊周。見氏著：《中國哲學史新編（第一冊）》（台北：藍燈文化，1991 年 12 月初版），頁 266～267。

寓言十九，重言十七，巵言日出，和以天倪。寓言十九，藉外論之。
親父不爲其子媒。親父譽之，不若非其父者也；非吾罪也，人之罪
也。與己同則應，不與己同則反；同於己爲是之，異於己爲非之。
重言十七，所以已言也，是爲耆艾。年先矣，而無經緯本末以期年
耆者，是非先也。人而無以先人，無人道也；人而無人道，是之謂
陳人。巵言日出，和以天倪，因以曼衍，所以窮年。（〈寓言〉，頁
948～949）

莊周聞其風而悅之，以謬悠之說，荒唐之言，無端崖之辭，時恣縱
而不儻，不以觭見之也。以天下爲沈濁，不可與莊語，以巵言爲曼
衍，以重言爲眞，以寓言爲廣。獨與天地精神往來而不敖倪於萬物，
不譴是非，以與世俗處。（〈天下〉，頁 1098）

由這兩篇提到的內涵，可以看出「三言」所要表述的「道術」觀念同時兼具
「方法」到「理論」及「工夫」到「境界」的層次。如〈寓言〉篇提到「三
言」定義爲「寓言十九，藉外論之」、「重言十七，所以已言也，是爲耆艾」、
「巵言日出，和以天倪，因以曼衍，所以窮年」，明顯看到寓言指涉寄言於外
的方式，其功能在於推廣論說的豐富性與形象性；「重言」指涉「耆艾」，也
就是具有經驗與年歲的長者之言，其功能在於「眞」，指論說合於人情；「巵
言」指涉「天倪」，顯然境界最高，而且具不同變化的「曼衍」特性及「窮年」
的效果，故可以將《莊子》一書大量的問答結構與虛構故事依「三言」分爲
「虛構人物」、「眞實人物」與「體道人物」三類，〔註6〕藉由問答與情節來表
述「體道」的理論方法與境界，特別在體道人物的所揭示的「巵言」境界，
如果能體證到「巵言」的境界時，便能與整個天地運行的大自然保持和諧，「巵
言」指涉到修養體悟的層次，所以〈寓言〉篇描述「巵言的境界」同於〈齊
物論〉所言：

非巵言日出，和以天倪，孰得其久！萬物皆種也，以不同形相禪，
始卒若環，莫得其倫，是謂天均。天均者天倪也。（〈寓言〉，頁 949）

何謂和之以天倪？曰：是不是，然不然。是若果是也，則是之異乎
不是也亦無辯；然若果然也，則然之異乎不然也亦無辯。化聲之相
待，若其不相待，和之以天倪，因之以曼衍，所以窮年也。忘年忘

〔註 6〕　詳見〈附錄三　莊子「三言」人物表〉依「三言」的表述功能將「虛構人物」、
「眞實人物」、「體道人物」依《莊子》一書全文考索整理如列表。

義，振於無竟，故寓諸無竟。(〈齊物論〉，頁 109)

是非彼我之辯皆因相待而成，這便是「化聲」，因為是與不是，然與不然的相對關係都因人各有其成心，因有對「名」的執著而產生，因此，有待於人之作為所以成是非，無待於人才能自是自然，這即是「天倪」，所以「卮言」可以指體證「道術」的人所說的方法。

「三言」在《莊子》一書思想中同時有著這三種語言表述功能，更是三種體證「道術」的表述方法〔註7〕，寓言「十九」(十分之九) 便是指使用語言蘊含「道術」在故事中，假托於「物」來表達思想，能夠拓廣最多世俗人的心胸，因為具有形象性及豐富性的語言是最容易被接受的表達方式；重言「十七」(十分之七) 是指以具有經驗者或理論者的言談方式，即借古人之言來加重自己的說法，具有論證性及價值性，然而使用「重言」雖然能說服人，但《莊子》一書以「重言」的方式使人對「道術」有所體認，不如使用「寓言」者為多。雖然「重言」與「寓言」在《莊子》一書中仍是屬於功能性的語言表述，但「卮言」就是「道術」境界與方法的描述，當人能夠化除相待而有是非彼我之心時，便能和以自然之分的「天倪」，達到無是無非，無極之化，不滯不著，處順安時，盡天年之性命的狀態。所以，從「天倪」的境界描述可以看出，人透過「卮言」所提供的方法可以擺落語言功能，而直接體悟「道」的境界，這也就是體道人物揭示的境界。

依《史記》所言「故其著書十餘萬言，大抵率寓言也。」〔註8〕此「寓言」指《莊子》一書的文體，依《莊子》一書「三言」的表述方法反推《史

〔註7〕 根據牟宗三的分析，此中的三言是描述的講法，並無邏輯的關係。卮言曼衍，隨機而轉；重言尊老，並無我見；寓言寄意，推陳出新。並言《齊物論》是此一玄智、詭辭的典範，不可言狀的飛來之筆，憑空說起，以述其所嚮往之道術。詳見牟宗三講述，陶國璋整構：《莊子齊物論義理演析‧本書的背景》(台北：書林，1999 年 4 月一版)，頁 V。根據徐聖心的研究，「寓言」創造近於藝術造型的手法，「重言」以「言」與「人物形象」兩種方式出現，「卮言」為觀念的圓融表達。見氏著：《莊子「三言」的創用及其後設意義》(國立台灣大學中國文學研究所博士論文，1997 年)，頁 207～208。洪景潭將「三言」視為以「言」顯「道」的三種基本模式，並定義「寓言」為一「擴展視域的語言表達」；「重言」為一「正反兩立的語言表達形式」；「卮言」為一「流衍不盡的」語言表達形式。見氏著：《莊子語言觀點之探討》(台灣大學中國文學研究所碩士論文，1997 年)，頁 61～74。

〔註8〕 〔漢〕司馬遷，〔劉宋〕裴駰集解，〔唐〕司馬貞索隱，〔唐〕張守節正義：《史記‧老子韓非列傳》，頁 2143。

記》所使用的「寓言」概念，「寓言」便同時指涉三個語言表述功能，可以說《史記》所謂《莊子》一書的「寓言」是包含「三言」中所表述的「事實論據」、「理論論據」和「借外論旨」的意涵，而《莊子》一書的「寓言」要表述的就是所有的名言雖然具有導引作用，但最後要超越名言才能體現「道」的價值。

　　以《莊子》一書的「三言」對照墨子的「三表法」所提出的「本之者」（上察古者聖王之事）、「原之者」（下原察百姓耳目之實）、「用之者」（發爲刑政，觀其中百姓人民之利）〔註9〕徵實求眞的方法學後，可以發現《莊子》一書在理論層次上包含了墨子的「三表法」對於語言使用要重視事實及理論的成分，但更進一步以「借外論旨」的手法超越了墨子在現實界的推論方法。然而也正是「借外論旨」的問題，使得《莊子》一書的意涵在「詮釋」上產生了「正意」與「寓意」的部分，即表面的字面意義及超越文字寄託的意涵，雖然「三言」從「言」的角度去看，僅作爲語言的表述功能，然而正是因爲在表述過程中牽涉到了接收者的問題，即對於「道術」體認不一的人要如何說明其內涵及境界，所以「三言」從「聽」（接收者）的角度就有「層次」的差別。

　　作爲表述「道術」的「三言」，在作爲語言功能的層次僅指平行的三種功能，然而從「道術」的層次看，語言的功能是爲了「表達」的目的，也就是從「意」的層次上來看，這三種功能的差異，正是爲了針對世俗之人對「道術」體認層次的差異所建立的表述方法，這又可以從莊子〈齊物論〉指出的三種境界意涵來分析：

　　　子游曰：「地籟則眾竅是已，人籟則比竹是已。敢問天籟。」子綦曰：
　　　「夫吹萬不同，而使其自己也，咸其自取，怒者其誰邪！」（〈齊物
　　　論〉，頁9～50）

子游所問之「方」，根據成玄英《疏》：「方，道術也。雖聞其名，未解其義，故請三籟，其術如何。」便是指子游問「道術」境界爲何，需要這位體證「道術」的子綦借「人籟」、「地籟」、「天籟」的體證方法指點聞如何達到「道術」之境界，〔註10〕這屬於「重言」與「卮言」的筆法。而「道」之所以可以表

〔註9〕〔清〕孫詒讓著：《墨子閒詁》（高雄：復文圖書出版社，1985年10月），〈卷九·非命下〉，頁17。
〔註10〕根據杜保瑞的分析，「天籟」是「自身無風」的意境來比喻「道」也是「不展

述正是因爲「三言」內涵可以展示「體道」境界不同方式的問答，雖然語言的功能層次上，「三言」僅視爲一種表述的工具而已，本身並沒有層次之別，僅在接收者由「聽」的工夫從平行的語言功能中體證出「廣」（拓展思維）、「眞」（眞實）、「曼衍」（無窮）的不同效果，故〈天下〉篇提出：

> 以巵言爲曼衍，以重言爲眞，以寓言爲廣。（〈天下〉，頁 1098）

由「三言」的表述方法中針對的不同「體道」的工夫，可以看出對於存在境界體證層次的表述，從中開展出對於主體修養（對內）與論證理論（對外）兩種詮釋理路，對照《莊子》一書內篇思想，即落實於〈逍遙遊〉與〈齊物論〉這兩篇，由此可以得知「三言」作爲表述方法便是要揭示這兩重的意涵。而當「三言」在表述時，其中的「語言」因爲同時指涉「道」、「言」、「物」三種層次，所以〈天下〉篇認爲：

> 莊周聞其風而悅之，以謬悠之說，荒唐之言，無端崖之辭，時恣縱
> 而不儻，不以觭見之也。（〈天下〉，頁 1098）

對於不辨「三言」的閱讀者而言，會有「謬悠」、「荒唐」、「無端崖」的體會，然而開展「三言」的表述功能針對接收者的差異而展示的不同針對「道術」的問答方式，從而揭示出《莊子》一書對境界修養觀實踐方法，可由〈人間世〉闡述「心齋」獲得解讀「道術」具有境界意涵的關鍵：

> 回曰：「敢問心齋。」仲尼曰：「若一志，無聽之以耳而聽之以心，
> 無聽之以心而聽之以氣！聽止於耳，心止於符。氣也者，虛而待物
> 者也。唯道集虛。虛者，心齋也。」（〈人間世〉，頁 147）

對於「三言」所表述「道術」的，其「意」雖然都是要通於「一」（道），然而根據實踐者工夫進境就會逐漸體會到更接近「道」的層次。一般人對於聲音都是「聽」止於「耳」，提升到理論與思考的層次時則會「心」止於「符」（符驗），即體會「重言」，最後藉由體會「道」的眞實無窮，然而進入「體道」的境界，則爲「氣也者，虛而待物也」，即體會體道者在「巵言」所揭示的變化無窮與長久持續的境界，這即是因爲在「唯道集虛」的心齋方法中，

現自身」。而「地籟」與「人籟」都要藉助工具才能發聲，是莊子用來比喻一切社會議論的「譬喻系統」。見氏著：〈莊子〈齊物論〉的命題解析與理論架構〉，《哲學與文化》第三十三卷第七期（2006 年 7 月），頁 66。該文使用的「譬喻系統」的觀念與本文分析「三言」之「寓言」筆法具有的虛構性相似，然該文認爲莊學原型是神仙境界爲主旨的哲學體系偏向道教長視久生的詮釋，與莊子思想重視精神超越的境界具有差異。

能從擺落「言」的知識功能的侷限中，藉由「道術」超越到更高的層次，這就是「道」的境界，此即〈齊物論〉中曰：

> 天地與我並生，而萬物與我爲一。既已爲一矣，且得有言乎？既已謂之一矣，且得無言乎？一與言爲二，二與一爲三。自此以往，巧曆不能得，而況其凡乎！故自無適有，以至於三，而況自有適有乎！無適焉，因是已。（〈齊物論〉，頁79）

從這段文獻中更看出要表述「道術」的進境中具有的同時指涉三種層次的關係，就「道」的角度是一，然而從人的角度看，對「道」所說的「言」就是區別於「道」的詮釋，「人」、「言」、「道」從層次看是「三」。落實在現象的「有」之中，諸子因爲根據對「道」所派生的現象萬物的治理與對待，從而產生的各家學說，《莊子》一書提出從無（道術）本身看待「有」（方術）仍有三種層次要區辨，何況從「有」（方術）本身，即「詮釋」本身看待道背後的「萬事萬物」，更加是捨本逐末，而無法把握大道了，所以《莊子》一書要人回到「三言」來把握大道，藉由「寓言」與「重言」結合「巵言」而揭示的「借外論旨」所描述出的道家工夫與境界，繼而在修養實踐上能聽之以氣，達到與「道」冥契的境界，即〈天下〉篇標出的境界：

> 獨與天地精神往來而不敖倪於萬物，不譴是非，以與世俗處。（〈天下〉，頁1098）

莊子思想在「三言」不同體道問答的角度下，依他所揭示的「體道」的方法去實踐，便是「三言」作爲解讀莊子思想的重要關鍵。一般知識在聽之以耳與心層次上仍以建構語言知識爲主的認知，然而在體「道」境界上，要能夠擺落知識所形成的侷限，將感知功能融入「聽之以氣」的層次，這便是〈齊物論〉工夫開宗明義的「吾喪我」之意涵，即不重客觀知識之觀解而重生命境界之呈現與契合的工夫，由此去體會「天籟」的境界。〔註11〕

經由上述分析可以發現「巵言」是一種明至人之心的過程，要以莊子「因是兩行」的工夫去實踐，便是〈齊物論〉所提的聖人和之以是非而休乎「天鈞」的意義，「天鈞」指自然均平之理，同於〈天下〉所提的「不譴是非，以與世俗處」，所以從修養觀的層次去思考，這是體貼「巵言」意涵的關鍵。而〈齊物論〉從「物論」的角度上指出「其形化，其心與之然」的悲哀之處（頁

〔註11〕 高柏園著：《莊子內七篇思想研究》（台北：文津出版社，1992年4月初版），頁72～78。

56)，即成玄英《疏》所言：「其化而爲老，心識隨而昏昧，形神俱變」的下場，這是「寓言」與「重言」想要指出的部分，關鍵在於「其成也（成心），毀也」〔註12〕「成心」導致認知的失當，故需復歸於「道心」，才能「物化」〔註13〕而逍遙。

因爲人對於「成心」的執著，執一家之言，並以此「成心」自以爲是，作爲是非價值的判斷，以此去對應「物」（萬物），則會與物相刃相靡，產生種種喜怒哀樂的情感，唯有破除知識本身的侷限，〔註14〕恢復到生命的純眞，才能夠體會到「眞知」。

所以解讀「三言」作爲表述「體道」的方法語言之關鍵，不在於《莊子》一書的語言文字本身，而是接收者實踐的「體道」方法相不相應於《莊子》一書揭示的境界，這便是「體道」〔註15〕的境界。在體證的過程中並不僅是終止外向知覺而已，它有一個伸向意識底層的深度，可以在「虛」的極致之後，冥冥之中升起一種「同於大通」的明覺，〔註16〕此時的「聽」因爲與道合一，在《莊子》一書中常以「游心」〔註17〕來指稱這種體道之境的意識狀態，指精神能超越於形體與現實之上而得逍遙，「游心」便是由「術」入「道」的層次提升，讓天性返歸於自然。由感官的經驗（聽之以耳）、理性的思維（聽之以心）到直觀的體悟（聽之以氣）。而在體證自然無爲之「道」的過程中三者無法分割，必須在感官經驗與理性思維的基礎上，體證於道才成爲可能。

〔註12〕 金白鉉分析，有形之物的「成毀」，就是它存在的極限。見氏著：《莊子哲學中「天人之際」研究》（台北：文史哲出版社，1986 年 8 月初版），頁 46。

〔註13〕 根據李美燕的分析，「物化」境界即是人透過「心齋」、「坐忘」的修養工夫以臻「朝徹」、「見獨」的生命境界，可使人心產生虛靜靈明的關照，此一關照可以人精神生命與外務打破在經驗界與現象界形驅隔閡的執定，而獲得自由解脫。見氏著：〈從「莊周夢蝶」論莊子的「物化」觀〉，《國立屏東師範學院屏東師院學報》第十期（1997 年），頁 355～370。

〔註14〕 根據曹受坤的分析，莊子的哲學以遣形去知爲根本思想，含有否認知識能力的意旨。詳見氏著：《莊子哲學》（台北：文景書局，2002 年再版），頁 24～26。

〔註15〕 根據崔大華的分析，體道同時具有理性基礎，又有超越理性的成分，而具有某種神秘色彩。見氏著：《莊學研究》，頁 180。

〔註16〕 伍振勤著：〈兩種「通明意識」——莊子、荀子的比較〉，頁 3。

〔註17〕 「游心於德之和。」（〈德充符〉，頁 191）指混同萬物，不知耳目之宜，故能遊道德之鄉，放任乎至道之境者。「汝遊心於淡，合氣於漠，順物自然而無容私焉，而天下治矣。」（〈應帝王〉，頁 294）指任性無所飾焉則淡矣！漠然靜於性而止，天下不待治而自化耳。

現歸納上述的「三言」及其境界的意涵如下表。

表六　「三言」及其境界的意涵表

語言表述功能	寓言（十九）：虛構人物 重言（十七）：眞實人物 巵言（境界）：體道人物		
描述「道」的方式	廣	眞	和以天倪
工夫的層次	聽之以耳	聽之以心	聽之以氣
體證境界	人籟	地籟	天籟

　　「三言」表述的境界要經由「道術」體證後，「道」才變得可聞與可學，這便是從經驗的語言到超越經驗的體證，從更根本的原因上對「道」作表述，「巵言」所描述的「境界」便是屬於向上體證「道」的修養層次之表述語言，歸屬於「逍遙」的境界，體證道的工夫就是「道術」，「道術」具有的修養層次內涵便是以「二言」表述而出，作爲開展個人生命境界的方法。然而體證「道術」後向下落實於「物」的實踐層次，便要由「齊物」思維發展而出的「心術」來面對先秦時代中「周文疲弊」〔註18〕的時代問題，諸子的「方術」同樣是對於該問題的回應。

第二節　「道術」、「方術」、「心術」的層次

　　「道術」一詞，於先秦諸子中墨子最先使用，而墨子也是首先針對儒家學派弊端提出挑戰並進而形成自身學術與學派的思想家，如《淮南子‧要略》所言：

> 墨子學儒者之業，受孔子之術，以爲其禮煩擾而不悅，厚葬靡財而
> 貧民，久服傷生而害事，故背周道而用夏政。〔註19〕

墨子在學術觀點上大多針對儒家立言批判，所以在學術討論的發展中，《莊子》一書於表述方法與概念上對於墨子使用的觀念必然有所觀察，從而取用及改造，現舉出該書中「道術」一詞凡三例如：

〔註18〕　牟宗三著：《中國哲學十九講》（上海：上海古籍出版社，1997 年 12 月），頁
　　　　　58。
〔註19〕　〔漢〕劉安編，〔漢〕高誘注：《淮南子注》（台北：世界書局，1977 年 3 月七
　　　　　版），頁 375。

子墨子言曰：「譬若欲眾其國之善射御之士者，必將富之，貴之，敬之，譽之，然后國之善射御之士，將可得而眾也。況又有賢良之士厚乎德行，辯乎言談，博乎道術者乎，此固國家之珍，而社稷之佐也，亦必且富之，貴之，敬之，譽之，然后國之良士，亦將可得而眾也。(〈尚賢上〉，頁 2)〔註20〕

今賢良之人，尊賢而好功道術，故上得其王公大人之賞，下得其萬民之譽，遂得光譽令問於天下。(〈非命下〉，頁 19)

夫一道術學業仁義者，皆大以治人，小以任官，遠施周偏，近以脩身，不義不處，非理不行，務興天下之利，曲直周旋，利則止，此君子之道也。(〈非儒下〉，頁 21)

墨子的使用上都作為「治術」意義使用，〔註21〕偏重在治道有為的一面，也是貫串墨子學術重視「興天下之利，除天下之害」的實用工具價值〔註22〕。「道術」於文獻用例中可見「道術」於先秦並非晚起的觀念，《莊子》一書取用該觀念後又有所轉化，用於學術分派的批評上，故於〈天下〉篇開宗明義對「道術」淵源關係做了說明：

天下大亂，賢聖不明，道德不一，天下多得一察焉以自好。譬如耳目鼻口，皆有所明，不能相通。猶百家眾技也，皆有所長，時有所用。雖然，不該不遍，一曲之士也。判天地之美，析萬物之理，察古人之全，寡能備於天地之美，稱神明之容。是故內聖外王之道，闇而不明，鬱而不發，天下之人各為其所欲焉以自為方。悲夫，百家往而不反，必不合矣！後世之學者，不幸不見天地之純，古人之大體，道術將為天下裂。(〈天下〉，頁 1069)

《莊子》一書以「道術」為宗旨，將道家的精神價值揭示出來，因為「道」具有絕對性與永恆性，並且具有超越性及普遍性〔註23〕，所以《莊子》一書以耳目口鼻皆有所明不能相通為喻，提出一個「全」的標準，由此觀察諸子

〔註20〕〔清〕孫詒讓著：《墨子閒詁‧卷二》，〈尚賢上〉，頁 2。

〔註21〕何炳棣：〈從莊子《天下》篇首解析先秦思想中的基本關懷〉，頁 18。

〔註22〕唐端正著：《先秦諸子論叢（緒編）》（台北：東大圖書有限公司，1983 年 4 月初版），頁 51～55。

〔註23〕詳參劉笑敢著：《莊子哲學及其演變》，頁 106。崔大華分析作為根源性的「道」具有自本、周遍、主宰性、超越性的意涵。見氏著：《莊學研究》，頁 127～128。

「方術」的價值，認為當今諸子學術的發展都是有見於「道術」之一偏，諸子學派中所提的學說，皆是不明古人之大體的「道術」而導致偏差與侷限。所以，《莊子》一書以「道術」價值合於「內聖外王」之道作為評價「方術」的論述：

> 天下之治方術者多矣，皆以其有為不可加矣。古之所謂道術者，果惡乎在？曰：「無乎不在。」曰：「神何由降？明何由出？」「聖有所生，王有所成，皆原於一。」不離於宗，謂之天人。不離於精，謂之神人。不離於真，謂之至人。以天為宗，以德為本，以道為門，兆於變化，謂之聖人。以仁為恩，以義為理，以禮為行，以樂為和，薰然慈仁，謂之君子。以法為分，以名為表，以參為驗，以稽為決，其數一二三四是也，百官以此相齒。以事為常，以衣食為主，蕃息畜藏，老弱孤寡為意，皆有以養，民之理也。（〈天下〉，頁1065）

「無乎不在」便是認為「道術」廣博無所不在，諸子學說的發展也涉及「道術」的一隅，這便是「道」的無差別性及無目的性，〔註24〕關於「道術」觀念也可於內篇〈大宗師〉見到，如：

> 魚相造乎水，人相造乎道。相造乎水者，穿池而養給；相造乎道者，無事而生定。故曰：魚相忘乎江湖，人相忘乎道術。（〈大宗師〉，頁272）

「道」的根本性，由此彰顯出來，以「無事而生定」去認識到「道」不區分任何客觀事物的狀態，即道術內充而完滿，即「未始有物」的狀態，〔註25〕能夠達到這個狀態的方法就是「道術」。《莊子》一書對於「有為」的人文價值認為其只是「道術」之「末」，並於〈天道〉篇提出「心術」觀念：

> 本在於上，末在於下；要在於主，詳在於臣。三軍五兵之運，德之末也；賞罰利害，五刑之辟，教之末也；禮法度數，形名比詳，治之末也；鐘鼓之音，羽旄之容，樂之末也；哭泣衰絰，隆殺之服，哀之末也。此五末者，須精神之運，心術之動，然後從之者也。（〈天道〉，頁468）〔註26〕

〔註24〕 劉笑敢著：《莊子哲學及其演變》，頁108。
〔註25〕 同上註，頁114。
〔註26〕 根據王船山的說法「天道有與莊子之旨迥不相侔者，特因老子守靜之言而演

由此文獻明顯的指出文明政治的「人文價值」必須要經由體道後的「心術」去運用，藉由體道去認識萬物的本原，從而在對待萬物時能夠以一種去除是非愛惡，絕對和諧的心去對待，即〈應帝王〉揭示出治天下的境界「汝遊心於淡，合氣於漠，順物自然而無私容焉，而天下治矣」（頁294）相通，指「心術」治物的效果，如此才能執其「本」（宗旨），不然僅得其「末」（方術）而已。今整理「道術」、「方術」、「心術」的層次如下表：

表七　「道術」、「方術」、「心術」的層次表

名　　稱	道　　術	方　　術	心　　術
功能	體證渾全的「道」	聞「道」之言	通「物」之法
指涉範圍	全（境界）	曲（諸子學術）	本（運用治術的心性修為）

第三節　由「全」觀「曲」的認知境界

　　《莊子》一書以「道術」觀點觀察諸子學派間聞「道」後各有一偏的「曲」，並提出如何超越「方術」這個有限的觀點返歸「道術」的方法。這就是《莊子》一書建構學術觀的思維，觀察《莊子》一書提出「心齋」的文獻是以儒家孔子與顏淵的問答來揭示出道家重要的體道方法，以儒家人物所問之「方」（體證道的方法）的歷程來說明先秦諸子的學說經由體證「道術」的歷程都可以復歸於「全」的體道境界，由《莊子》一書中儒家諸子的問答體道的對話，可以看出《莊子》一書認為儒家的「方術」同樣可以藉由「道術」而體證到「道」的渾全。

　　如在〈人間世〉一文中，莊子首先區別世俗的儒家齋戒與「心齋」的差異，這就是由「全」（超越）觀點認知「曲」（部分）的方法，如藉由儒家形象的孔子〔註27〕與顏淵的問答來彰明兩種「齋」法的差異：

之，亦未盡合于老子」。見氏著：《莊子解》（北京：中華書局，2010年1月初版二刷），頁188。然而陳品卿論證此說為非，因莊子之說合上下顯隱貴賤大小而通於一的「萬物一齋」之境界，故此篇倡言天道清靜無為，君道亦必清靜無為，有與內篇〈應帝王〉相發明，當為莊子後學所作。見氏著：《莊學新探》（台北：文史哲出版社，1997年8月增訂再版三刷），頁42～43。

〔註27〕段海寶分析，《莊子》一書中，出現最多的人物形象就是孔子，全書共在21篇44個章節有孔子出現。見氏著：《《莊子》書中的先秦諸子形象》，中央民族大學哲學與宗教學系，2006年，頁3。黃錦鋐亦認為書中屢提到孔子及孔

顏回曰：「吾無以進矣，敢問其方。」仲尼曰：「齋，吾將語若！有心而為之，其易邪？易之者，皞天不宜。」顏回曰：「回之家貧，唯不飲酒、不茹葷者數月矣。如此，則可以為齋乎？」曰：「是祭祀之齋，非心齋也。」（〈人間世〉，頁146）

使用儒家的齋戒方式具有侷限性，在修養的進步歷程上具有極限。藉由孔子之口說明真正的認知「全」的方法在於「心齋」，藉由擺落感官知覺的「耳」的限制，獲得「心」的清明，藉由擺落「心」的限制，獲得虛通於天下萬物的「氣」之感受，由通天下的「氣」體證到「道」本身的渾全性，所以文獻中說明體證「虛者」的方法在於「心齋」，這也是一種由全觀曲的認知方法，藉由層層擺落感官心知限制而認識「道」之真實。最後經由修養功夫所體證出「道」的渾全境界的狀態：

夫徇耳目內通而外於心知，鬼神將來舍，而況人乎！是萬物之化也，禹、舜之所紐也，伏羲几蘧之所行終，而況散焉者乎！（〈人間世〉，頁150）

從感官本身的認知的擺落，體證到超越感官的境界，繼而都能夠感受到同於「氣」的一體境界，這就是萬物之化的境界，也就是返歸於「全」的境界。

在萬物之化的境界中，「物」跟「物」本身的關係是依據本原的「道」而變化，以渾全的「道」觀察萬物本身，對於「物」與「物」間相對關係，《莊子》一書同樣藉由儒家的孔子之口來說明：

仲尼曰：「自其異者視之，肝膽楚越也；自其同者視之，萬物皆一也。夫若然者，且不知耳目之所宜，而遊心乎德之和；物視其所一而不見其所喪，視喪其足猶遺土也。」（〈德充符〉，頁190～191）

指出「同」跟「異」本身都是感官判斷的標準，只有超越感官才能把握到物跟物的整體性，而不會有所缺乏，這就是不喪「物」之本，也就是「游心於德之和」的境界，這同樣是一種渾全的認知境界，是對於反觀萬物之化的「道」本身的體證狀態。這樣的「全」和「曲」的辯證同樣落實到感知的主體身上，所以具有「才全」和「德不形」的差異：

哀公曰：「何謂才全？」仲尼曰：「死生存亡，窮達貧富，賢與不肖

子的弟子，無非利用當時一般人所稱道的人物，來表達自己的思想。莊子重要的思想都是寄託孔子來表達。見氏著：《莊子及其文學》（台北：東大圖書有限公司，1977年7月初版），頁106～107。

> 毀譽，飢渴寒暑，是事之變，命之行也；日夜相代乎前，而知不能
> 規乎其始者也。故不足以滑和，不可入於靈府。使之和豫，通而不
> 失於兌；使日夜無郤而與物爲春，是接而生時於心者也。是之謂才
> 全。」「何爲德不形？」曰：「平者，水停之盛也。其可以爲法也，
> 內保之而外不蕩也。德者，成和之脩也。德不形者，物不能離也。」
> （〈德充符〉，頁 212～215）

根據以上文獻的內容，關於「才全」與「德不形」的境界同樣藉由孔子之
口來說明。人的感官及心知的判斷常隨著「物」的變化而變化，無法認知到
「物」變化的本原在於「道」，擺落外在感官及心知的判斷去認知「物」的
變化之原，這就是「才全」。保守這樣的平靜的心態而不盪馳於外物的變化，
便可以把握到「物」本身的眞實及全貌，這即是「德不形」，這同樣也是由
「全」觀「曲」的認知境界。關於「道術」體證的境界進境論述的最完整的
就是〈大宗師〉，藉由守住渾全的「道」之修證方法，故而能參日外天下、七
日外物、九日外生，繼而能朝徹、見獨、無古今，入於不生不死的渾全境界
的狀態：

> 殺生者不死，生生者不生。其爲物，無不將也，無不迎也；無不毀
> 也，無不成也。其名爲攖寧。攖寧也者，攖而後成者也。（〈大宗師〉，
> 頁 252～253）

文獻中的「攖寧」就是不被外物引發的種種雜念干擾，保持心靈的純淨，這
即是「心齋」的方法，「才全」而「德不形」就是體證渾全的境界，其歷程由
外天下、外物後能夠見到渾全的道，故而體會到「道」本身的特性，即朝徹、
見獨、無古今、不生不死。

關於渾全「道」本身淵源的特性，可由這段文獻觀察：

> 泰初有無，無有無名；一之所起，有一而未形。物得以生，謂之德；
> 未形者有分，且然無閒，謂之命；留動而生物，物成生理，謂之形；
> 形體保神，各有儀則，謂之性。性脩反德，德至同於初。同乃虛，
> 虛乃大。合喙鳴；喙鳴合，與天地爲合。其合緡緡，若愚若昏，是
> 謂玄德，同乎大順。（〈天地〉，頁 424）

觀察到泰初爲「無」，無法以名稱去指謂，繼而有「一」（有），然而「一」仍
未成爲形體。繼而有「物」，在「物」的階段可以稱爲生成，也就是「德」，
在「物」未形的狀態中有了分際，這個分際產生了「命」。在「無」、「有」到

「物」的過程中，藉由變動而產生了「物」，產生「物」後便有眾多的「物理」，這個「物理」是就著「形」而有的眾理，在眾理的層次上，「物」因此有了「形」的指稱。在「形」的階段，形體爲了保存「神」各有不同的方式，這就是「性」，修養這個形體的本質之「性」去返歸於「物」得以生的「德」，經由修養這個萬物同源的「德」以至於「初」，也就是淵源的地方，便可以在「全」的觀點下「同」於「物」，經由「虛」的修養工夫與天地合德，這便是「玄德」。根據「玄德」應物處世，則「物」無不通，如此便可以「知道」，《莊子》一書強調要從「眾理」回到萬物之「德」的本眞狀態中，因爲在這樣的狀態下才能入於「天」：

> 夫子問於老聃曰：「有人治道若相放，可不可，然不然。辯者有言曰：
> 『離堅白若縣寓』，若是則可謂聖人乎？」老聃曰：「是胥易技係勞
> 形怵心者也。執狸之狗成思，猿狙之便自山林來。丘，予告若，而
> 所不能聞與而所不能言。凡有首有趾無心無耳者眾，有形者與無形
> 無狀而皆存者盡無。其動，止也；其死，生也；其廢，起也。此又
> 非其所以也。有治在人，忘乎物，忘乎天，其名爲忘己。忘己之人，
> 是之謂入於天。（〈天地〉，頁427～428）

藉由老子之口答孔子對於名家的疑惑，認爲眾人皆是惑於感官知覺，而不能感通渾全的淵源之道，老子回答有形與無形無狀皆存在於「無」之中，就是指有形跟無形都包含於「無」的渾全之中，這便是從「全」的觀點去觀察萬物，從而看出對萬物眾理而產生的是非爭執，是無法在「全」的角度下得其一偏，因爲在渾全的「道」本身的作用下，「動」與「止」的變化都包含在其中；「生」與「死」的命數也包含在其中；同樣「物」的「起」與「廢」也包含在其中。所以，與其要爭辯眾理的是非，不如以「道術」去達到「忘物」、「忘天」的境界，這就是淵源渾全的「道」之境界，這樣的人能夠忘掉自己的執著成見，《莊子》一書評價這樣境界的人能夠入於「天」。

關於「道術」本身的作用層面，可以分爲「天道」及「帝道」兩個層面，即〈天下〉所謂的「內聖外王」的渾全性，如以下文獻所指出：

> 天道運而無所積，故萬物成；帝道運而無所積，故天下歸；聖道運
> 而無所積，故海內服。明於天，通於聖，六通四辟於帝王之德者，
> 其自爲也，昧然無不靜者矣。聖人之靜也，非曰靜也善，故靜也；
> 萬物無足以鐃心者，故靜也。水靜則明燭鬚眉，平中準，大匠取法

焉。水靜猶明，而況精神，聖人之心靜乎！天地之鑑也，萬物之鏡
也。夫虛靜恬淡寂漠無爲者，天地之平而道德之至，故帝王聖人休
焉。休則虛，虛則實，實者倫矣。虛則靜，靜則動，動則得矣。靜
則無爲，無爲也則任事者責矣。無爲則俞俞，俞俞者憂患不能處，
年壽長矣。夫虛靜恬淡寂漠無爲者，萬物本也。明此以南鄉，堯之
爲君也；明此以北面，舜之爲臣也。以此處上，帝王天子之德也；
以此處下，玄聖素王之道也。以此退居而閒游江海，山林之士服；
以此進爲而撫世，則功大名顯而天下一也。靜而聖，動而王，無爲
也而尊，樸素而天下莫能與之爭美。夫明白於天地之德者，此之謂
大本大宗，與天和者也；所以均調天下，與人和者也。與人和者，
謂之人樂；與天和者，謂之天樂。（〈天道〉，頁 457～458）

「天道」因爲運通而無所積累所以成就「萬物」，「帝道」因爲運通而無所積
累，所以使得天下歸於其下。《莊子》一書認爲帝王要明於「天」的渾全與
淵源性，才能展現帝王海納天下的「德」。認爲心要平靜到使萬物不會干擾與
影響，對待天地萬物要能夠如同鏡子般的不將不迎。以此虛靜恬淡的心處
無爲，便是以「心術」治天下，如此則能天地萬物得到和諧，達到天樂的最
高境界。

　　這種要回到萬物之本的思維方式，就是《莊子》一書強調的由「全」觀
「曲」的認知境界，能夠明白這個「天地之德」的大本，才是能眞正與天和
諧的聖王，才能夠以「心術」均調天下，達到人與人的和諧，與人和諧就是
人的快樂，然而能眞正與天和諧，就是眞正的大樂，也就是「天樂」。關於能
夠體證「道術」達到「天樂」境界的人：

夫子曰：「夫道，於大不終，於小不遺，故萬物備。廣廣乎其無不容
也，淵乎其不可測也。形德仁義，神之末也，非至人孰能定之！夫
至人有世，不亦大乎！而不足以爲之累。天下奮柄而不與之偕，審
乎無假而不與利遷，極物之眞，能守其本，故外天地，遺萬物，而
神未嘗有所困也。通乎道，合乎德，退仁義，賓禮樂，至人之心有
所定矣。」（〈天道〉，頁 486）

這段文獻同樣藉由孔子之口說明能夠在處於「道」的渾全性之中，便能夠萬
物備。這時形德仁義的衆理都是作爲形體之本的「神」之末而已，能夠通曉
「道術」的人，才能夠擺落仁義等衆理而復歸於「本」，就是「道」的渾全之

處，這也就是到達「物」本身的眞實處，守住這個眞實的「本」就能夠外在於天地所給予的侷限，並且不被萬物所限制，這個根本在人來說就是滌除形體感官的侷限，而讓「神」達到通於「道」的自由，如此則能通乎「道」的境界，並且合於萬物的天地之德，能夠體悟「未形」之前淵源的本眞狀態，則不需要依據「仁義」、「禮樂」等在形體之後產生的眾理。《莊子》一書認爲能夠體證「道術」境界的人就是至人，而至人的心是定於「本」，也就是渾全淵源的「道」之中，體證「道」的方法便是「道術」，能達於「道」的人就是「至人」，再以〈田子方〉中孔子與老子的問答來說明體道的境界：

> 孔子見老聃，老聃新沐，方將被髮而乾，慹然似非人。孔子便而待之，少焉見，曰：「丘也眩與，其信然與？向者先生形體掘若槁木，似遺物離人而立於獨也。」老聃曰：「吾遊心於物之初。」孔子曰：「何謂邪？」曰：「心困焉而不能知，口辟焉而不能言，嘗爲汝議乎其將。至陰肅肅，至陽赫赫；肅肅出乎天，赫赫發乎地；兩者交通成和而物生焉，或爲之紀而莫見其形。消息滿虛，一晦一明，日改月化，日有所爲，而莫見其功。生有所乎萌，死有所乎歸，始終相反乎無端而莫知乎其所窮。非是也，且孰爲之宗！」孔子曰：「請問遊是。」老聃曰：「夫得是，至美至樂也，得至美而遊乎至樂，謂之至人。」孔子曰：「願聞其方。」曰：「草食之獸不疾易藪，水生之蟲不疾易水，行小變而不失其大常也，喜怒哀樂不入於胸次。夫天下也者，萬物之所一也。得其所一而同焉，則四肢百體將爲塵垢，而死生終始將爲晝夜而莫之能滑，而況得喪禍福之所介乎！棄隸者若棄泥塗，知身貴於隸也，貴在於我而不失於變。且萬化而未始有極也，夫孰足以患心！已爲道者解乎此。」(〈田子方〉，頁 711～714)

老子在孔子的詢問下說明其境界爲「遊心於物之初」，這就是返歸於「道」之渾全的「道術」。心因爲感官認知的侷限而所有困，認爲萬物在生死變化之中相終始，而無法以言說議論這個渾全的萬物「規律」，所以要返於「道」之本。這個返的過程就是「遊」，能夠入於至美至樂的境地就是「至人」，這個怎麼達到的「方法」，就是「道術」。老子回答行爲不要違背天地的自然，喜怒哀樂不入於胸次，不爲外物所干擾，如此則形體將如同塵垢一樣，視死生爲道之變化的一環，禍福不過是「道」渾全變化中更小的變化而已，能夠返歸於

「變」之本的「道」，就能夠在沒有窮盡的萬物變化中讓「心」不被外物干擾，如此而能達於「至道」。

追問「道術」的淵源，正是價值所在，「道術」的價值由未有天地之前的「渾全」特性所保證，在孔子與冉有的問答中，更說明了「渾全」的「道」本身超越時間的特性：

> 冉求問於仲尼曰：「未有天地可知邪？」仲尼曰：「可。古猶今也。」冉求失問而退，明日復見，曰：「昔者吾問『未有天地可知乎？』夫子曰：『可。古猶今也。』昔日吾昭然，今日吾昧然，敢問何謂也？」仲尼曰：「昔之昭然也，神者先受之；今之昧然也，且又為不神者求邪？無古無今，無始無終。未有子孫而有子孫，可乎？」冉求未對。仲尼曰：「已矣，未應矣！不以生生死，不以死死生。死生有待邪？皆有所一體。有先天地生者物邪？物物者非物。物出不得先物也，猶其有物也。猶其有物也，無已。聖人之愛人也終無已者，亦乃取於是者也。」（〈知北遊〉，頁 762～763）

莊子思考「渾全」的「道」時，萬物將回到「未物」的狀態，就是「道」的原始狀態，這時況且無物，何況有自我這個意志，所以聖人愛人要滌除自我的執著成見，用「道」無所不賅的角度去待人處事，所以聖人處物不會傷物，因為不傷物者，所以物亦不能傷。因為彼此兩不相傷者，所以能夠容於天地萬物，與人相將迎而不會相害，這就是體道的境界。

從《莊子》一書由「全」觀「曲」的認知境界中，可以知道要返歸於這個「全」的境界方法就是「道術」，而在傳達「道術」的方法時，《莊子》一書毫不避諱的以孔子作為表述及詢問「道術」的主角，這更證明了在《莊子》一書的思維中諸子「方術」間都是包含在整全的「道術」之中，儒家的孔子同樣要返歸於「道術」之本。

第四節　「心術」中的「道」、「物」關係

由「全」與「曲」的辯證關係而產生的學術觀念，即「道術」與「方術」的淵源與流變。《莊子》一書是以由「全」觀「曲」的認知境界去觀察諸子「方術」間對於體證淵源的「道術」不足之處，證明《莊子》一書要返歸於「全」的思維是包含淵源性與渾全性兩者，這派生到學術觀念中便是起源與流變的觀念，而諸子在「道術」天下裂之後，要返歸於「道」的原始和諧境界，是

需要具有「體證」的方法。當修養體證後回到人間世中對待萬物關係時，對於「道」與「物」〔註28〕的關係的實踐狀態，《莊子》一書標舉出「心術」一詞作為心要通於萬物與對待萬物的方法：

> 本在於上，末在於下；要在於主，詳在於臣。三軍五兵之運，德之末也；賞罰利害，五刑之辟，教之末也；禮法度數，形名比詳，治之末也；鐘鼓之音，羽旄之容，樂之末也；哭泣衰経，隆殺之服，哀之末也。此五末者，須精神之運，心術之動，然後從之者也。（〈天道〉，頁 467～468）

在這裡《莊子》一書明確的指出「本」在於上，這是指「道」；「末」在於下，這是指「方術」，故有主臣之分，這裡《莊子》一書明確的認為屬於治道範圍的三軍五兵、賞罰利害這些世俗的軍事與政治的手段認為是「德」之末與「教」之末，雖然具有「方術」的方法性，對治國者而言不是真正的根本，而禮義度數與形名比較詳審這些儒家與名家的觀念，也認為是「治」之末，連作為國家典禮祭典的羽旄之樂與祭禮的制度都被認為是「樂」之末與「哀」之末，都徒具「方術」的形式，於「道」的渾全上都有所偏曲，所以《莊子》一書強調要面對這現世中的「方術」，需要「心術」之動，然後才能在渾全的「道」觀點下超越這些「方術」的侷限，正確的對待萬物，達到治理的效果。

「心術」一詞在《墨子》中也可以見到使用，如：

> 孔某與其門弟子閒坐，曰：「夫舜見瞽叟孰然，此時天下圾乎！周公旦非其人也邪？何為舍亓家室而託寓也？」孔某所行，心術所至也。（〈非儒下〉，頁 45～46。）其不在此中者，皆心術與人事參之。
> 凡守城者以亟傷敵為上，其延日持久以待救之至，明於守者也，不能此，乃能守城。（〈號令〉，頁 15）

明顯可以觀察到「心術」在墨子思想中的觀念是以孔子之道為「心術」，在意涵上作為「籌畫」與「決策」使用，由使用情形可以觀察出是具有實用性質的「方法」，並不具有「體證」的意涵在其中，而《莊子》一書在使用該觀念上繼承了對治於世道人事的「方法」意涵，然而更進一步發展了「心術」的

〔註28〕根據金白鉉的分析，莊子的「物」除了指有形之物外，還指著「觀念物」。見氏著：《莊子哲學中「天人之際」研究》，頁 37。故莊子的「物」包括了有形之物、知、名、事等成分。

觀念，將其發展成爲道家「治道」的意涵。

所以「心術」作爲《莊子》一書將「道」觀念落實於人間世的重要概念，不同於「道術」要人擺落現世的執著而通達於渾全的「道」，「心術」指出了通達於「道」後的聖人在治世上所應有的方式，這就是「心術」的意涵所在。關注現實人世的「心術」內涵可以由《莊子》一書對「道」與「物」間的關係中分析得出。如以下文獻：

> 河伯曰：「若物之外，若物之內，惡至而倪貴賤？惡至而倪小大？」
> 北海若曰：「以道觀之，物無貴賤；以物觀之，自貴而相賤；以俗觀之，貴賤不在己。以差觀之，因其所大而大之，則萬物莫不大；因其所小而小之，則萬物莫不小；知天地之爲稊米也，知豪末之爲丘山也，則差數睹矣。以功觀之，因其所有而有之，則萬物莫不有；因其所無而無之，則萬物莫不無；知東西之相反而不可以相無，則功分定矣。以趣觀之，因其所然而然之，則萬物莫不然；因其所非而非之，則萬物莫不非；知堯、桀之自然而相非，則趣操睹矣。」
> （〈秋水〉，頁 577～578）

對於「物」的觀察可以分爲「物之外」與「物之內」，「物之外」即小大形體的表徵；「物之內」即貴賤的內在品質。站在「道」的角度觀察，「物」本身都是同源於「道」，所以沒有貴賤的品質之分，然而根據「物」本身功用去觀察，則同於「物」的觀點都會肯認該品質的正確性而非議彼薄對方的品質，用「俗」即世俗普遍的觀點去觀察，則品質本身並不由「物」本身來決定。根據「差異」來觀察，則用「物」本身即是大的標準看，則萬物都是可規定爲「大」；根據「物」本身是小的標準來看，則萬物都可以規定爲「小」，所以「天地」之大可以規定爲「稊米」之小，「豪末」之小同樣可以規定爲「丘山」之大。根據「功勞」或「功能」來看「物」，根據「物」本具的功能去觀察，則萬物莫不有其功能，依據「物」本身沒有的功能去觀察，則萬物莫不無其功能。知道東西的方向都是根據相反的屬性去定位，這就可規定「物」的功能和份量了。

根據萬物的取向去觀察，順著萬物對的一面而認爲他的對的，那麼就沒有一面不是對的，順著錯的一面而認爲是錯的，就沒有一面不是錯的，所以以此知道了堯和桀依據彼此的標準而互相菲薄，這便是「方術」產生的侷限，由此看出在萬物本身的取向和操守是千差萬別的，這也就是「物」本身

不循著「道」而循著各自的「標準」所產生的「方術」之是非，會產生無窮的主觀價值，因爲判斷「物」的標準是沒有一定的，所以要以「大知」直接觀察事物之本，又因爲「有形」才有精粗的觀念，當觀察到事物之本的「道」時，便知「道」不是「方術」標準所能窮盡，所以根據諸子各家「方術」學說所談論的「標準」都是「物」的粗略部分，其最精微的部分是要依靠「心術」意致而達的，然而觀察「物」本身的各種標準站在「方術」的角度看都是「曲」，然而從「道」的角度則是「全」，即以下文獻所言「以道觀之」：

> 河伯曰：「然則我何爲乎，何不爲乎？吾辭受趣舍，吾終奈何？」北海若曰：「以道觀之，何貴何賤，是謂反衍；無拘而志，與道大蹇。何少何多，是謂謝施；無一而行，與道參差。嚴乎若國之有君，其無私德；繇繇乎若祭之有社，其無私福；泛泛乎其若四方之無窮，其無所畛域。兼懷萬物，其孰承翼？是謂無方。萬物一齊，孰短孰長？道無終始，物有死生，不恃其成；一虛一滿，不位乎其形。年不可舉，時不可止；消息盈虛，終則有始。是所以語大義之方，論萬物之理也。物之生也，若驟若馳，無動而不變，無時而不移。何爲乎，何不爲乎？夫固將自化。」（〈秋水〉，頁 584～585）

對於體證「道術」的人，能夠去除事物貴賤去看待事物，能夠返回事物之淵源觀察事物的變化，不要拘束自己的心志，而和大道相違背。這便是說明不要依據「方術」拘執於一偏，而要能夠在「道術」中體證萬物之本，並由此對待紛呈的「萬物」，使用「心術」治理萬物，國君要像「道」對待萬物一樣沒有偏私的恩惠；像超然祭祀的神明沒有偏私的保佑；要像廣大的四方一樣沒有窮盡的界限，如此才能包容萬物。

　　因爲沒有偏曲的主觀價值的影響，所以萬物是齊一的，萬物有死生的變化，而大道是沒有終始的，萬物沒有固定不變的形狀，從這種種變化可以觀察到大道的方向，由此觀察萬物之理。不要以人爲刻意去改變萬物無時無刻的變化，因爲萬物本身就會自然變化，這便是落實在現實對待萬物一面的「心術」所揭示出的對於治道無爲的觀念。這是延續〈齊物論〉消除事物是非的觀點，進一步在現實界提出落實「聖人不由」的方法，便是「無爲」，讓「物」依據道行之而成，不妄加人爲的造作，如此而可以容納萬物而爲落實於現實的「帝道」，這是屬於〈天下〉篇所言「外王」的一面，能體證「道術」的人

屬於「內聖」的修爲，當體證道術的人落實到現實的治道時，便以「心術」掌握「物之情」，消除對於「物」的外在是非評價，藉由兩忘化其道以行於世道。這樣的人格，《莊子》一書於〈大宗師〉中揭示出形象：

> 若然者，其心志，其容寂，其顙頯；淒然似秋，煖然似春，喜怒通
> 四時，與物有宜而莫知其極。（〈大宗師〉，頁 230～231）

面對「道」本身的「有情有信」（眞實有信）屬性與「無爲無形」（沒有作爲與形跡）屬性下，以兩種屬性保證了「道」的渾全，這便是「方之內」與「方之外」的兩種實踐方向，即體證「道」的渾全與回到人間世處物的方式，這便是「道術」與「心術」。所以《莊子》一書提出體道聖人的境界爲與物有宜而莫知其極，就是依據「心術」的方法與物相處而沒有偏移，對於任何事都無法測知他的底蘊，在齊物標準之下展開有爲一面，如：

> 有大物者，不可以物，物而不物，故能物物。明乎物物者之非物也，
> 豈獨治天下百姓而已哉！出入六合，遊乎九州，獨往獨來，是謂獨
> 有。獨有之人，是謂至貴。（〈在宥〉，頁 394）

這樣的人掌握了「心術」後，不僅完成了治道的部分，甚至成爲包容萬物的獨有之人，這是「帝道」一面的最高發揮。關於「心術」關注的現實內涵，可由以下文獻觀察而出：

> 賤而不可不任者，物也；卑而不可不因者，民也；匿而不可不爲者，
> 事也；麤而不可不陳者，法也；遠而不可不居者，義也；親而不可
> 不廣者，仁也；節而不可不積者，禮也；中而不可不高者，德也；
> 一而不可不易者，道也；神而不可不爲者，天也。故聖人觀於天而
> 不助，成於德而不累，出於道而不謀，會於仁而不恃，薄於義而不
> 積，應於禮而不諱，接於事而不辭，齊於法而不亂，恃於民而不
> 輕，因於物而不去。物者莫足爲也，而不可不爲。不明於天者，不
> 純於德；不通於道者，無自而可；不明於道者，悲夫！（〈在宥〉，
> 頁 398）

上述引文分爲「物」、「民」、「事」、「法」、「義」、「仁」、「禮」、「道」、「天」，聖人能夠依據「心術」妥善的運用治世「方術」的眾理，避免「方術」產生的侷限性，使其能夠妥善的在「道術」之「全」的角度中獲得解決而運用於世。當中「心術」的實踐關鍵便是要如何安於萬物的性命之情。「天道」由「道術」體證，「心術」在實踐「人道」的部分，所以在「心術」中要以「無爲」

對待萬物，如此即能實現天德。而能夠讓「心術」落實在人間世的關鍵在於「以道汎觀」，即用「道」的角度普遍觀察「方術」治理萬物有其侷限的一面，如以下的文獻：

> 以道觀言，而天下之君正；以道觀分，而君臣之義明；以道觀能，而天下之官治；以道汎觀，而萬物之應備。故通於天地者，德也；行於萬物者，道也；上治人者，事也；能有所藝者，技也。技兼於事，事兼於義，義兼於德，德兼於道，道兼於天，故曰：古之畜天下者，無欲而天下足，無爲而萬物化，淵靜而百姓定，《記》曰：「通於一而萬事畢。無心得而鬼神服。」（〈天地〉，頁404）

從「道」的角度來觀察「方術」的言論，天下的名稱都是合理的；從「道」的角度觀察分際，則君臣名分是明顯的；從「道」的角度來觀察來觀察才能，則官員都是能盡職；從「道」的觀點來對待萬物，則萬物都是齊備無相害的。所以能夠達於天的是「道」；順適於地的是「德」；能夠周行於萬物的是「義」，所以治理人民要各任其事，依據不同的才能給予職分。技術統屬於事，事統屬於義理，義理統屬於德，德統屬於道，道統屬於天，所以君王要能夠不貪欲才能夠富足天下，要能夠自然無爲，萬物將自化，清靜不擾，百姓自然能安定。這就是「心術」運用下達到的治世便是貫通於道而萬事可成，無心獲取而鬼神敬福，如此以虛靜的心通於萬物，就是天樂，也就是聖人之心是要用以養育天下的萬物的。

　　由上可以得知，「心術」落實在現實一面，即「人道」的部分，由養人而養天下萬物，以無爲自然的方式與通於物的自然，如此而能兩不相害，這便是聖人治道的最高境界。

第三章 《荀子》「解蔽」思維下 「方術」觀念

　　作爲「道」最高實體觀念的「天」，「天」的觀念從殷商時期作爲上帝的宗教觀念，周初仍承襲著殷代的宗教性的「天」之觀念，〔註1〕自文王周公以後，「天」的觀念從人事知識開展，所以，有顯著的理性論色彩，以爲天人相應，上下一理，求天必先求己，欲知天命所歸必先知人心所歸。〔註2〕東周繼承西周的觀念，即「天」有意志的觀點，發展出「命定論」、「命運論」、「侍命論」、「命正論」、「非命論」，儒家於前四種都有所取用，墨家則提出「非命論」作爲對立的觀點。〔註3〕這都表現在諸子對於「天」的看法而形成，荀子之前的天人關係有傳統詩、書所言的德、命符應說及墨子的天志觀及孔、孟盡心知性知天的天人關係論，還有老子認爲人要法則自然之規律與莊子要人因任氣化之流行等諸種重要的天人觀。〔註4〕

〔註1〕 然而唐端正分析出周初的「天」仍是宗教性的，是至高無上的神祉，統率著百神，也主宰著宇宙。見氏著：《先秦諸子論叢》（台北：東大圖書有限公司，1981年5月初版），頁49。
〔註2〕 詳見傅斯年：〈第二章周初之「天命無常」論〉，《性命古訓辨證》（桂林：廣西師範大學出版社，2006年10月初版），頁98。
〔註3〕 詳見傅斯年：〈第三章諸子天人論導源〉，《性命古訓辨證》，頁105。
〔註4〕 簡淑慧論述從周初到春秋戰國諸子天人思想的差異。由人格的「天」到《左傳》、《國語》中「天道」的提出，經由孔子繼承而改變爲德行的最高裁判者，直到孟子將「天」視爲人德行的本源所在，而提出「天人合德」。墨子回到傳統人格神的「天」，提出依「天志」而行的人道。老子繼承「天道」的觀念而賦予更多自然規律的意涵，後由莊子繼承，並以創新的自然氣化的觀點解說「天」，以提出人實踐逍遙境界的可能。荀子便是繼承老莊自然天道觀而以實

　　從早期對「天」的看法落實到政權的對待上，經過儒家以道德的「天命」詮釋後，成爲君子立志行道的目標，〔註5〕直到道家強調「天」的超越性而提出返歸於自然的觀點，如道家老子提出天道自然，莊子歸「天」於茫茫冥冥，並更進一步提出人如何與「天」和諧的觀點，荀子在「天」的觀念上吸收老莊天道自然的部分，將「天」的性質歸於純物質之「自然」，〔註6〕但反對「與天和諧」的觀點，故提出「制天命而用之」的看法，荀子肯定人能與天地相參，強調了「人」如何經由「學」之積漸，而至於「有爲」的君子與聖人，〔註7〕便是指具有模範與標準的學習，以誦經爲始直到通達禮義，便是「效」的觀念。荀子學說建立，大多源於對現實人生的觀察與體認，進而將儒家的道德之天（天命觀）改變成道家的自然之天，甚至取消了「天」的神聖性，〔註8〕認爲天命與人事間沒有必然關係，此即「天人之分」〔註9〕。不同於莊周主張順應天道的「無以人滅天」（莊周在治道的方法上也強調了帝王

用的人爲主義加以改造。見氏著：《從分字論荀子思想之基礎》，頁 25～61。周天令分析荀子之前的天人關係，分成三類。第一敬天畏天，以儒家爲代表。第二天志明鬼，以墨家代表之。第三知天法天，以道家爲代表。第四順天應天，以陰陽家爲代表。見氏著：《荀子天人思想研究》（嘉義：南北出版社，1988 年 4 月初版），頁 6～9。

〔註 5〕唐端正著：《先秦諸子論叢（緒編）》（台北：東大圖書有限公司，1983 年 4 月初版），頁 29。

〔註 6〕張亨：〈荀學與老莊〉，《思與言》第五卷第四期，1967 年 11 月，頁 14。周天令亦分析出道家之自然思想與荀子之天論有密切關係。見氏著：《荀子天人思想研究》，頁 40。

〔註 7〕荀子〈勸學〉：故學數有終，若其義則不可須臾舍也。爲之，人也；舍之，禽獸也。（頁 10）

〔註 8〕傅斯年分析，其天道論直向新徑，不取孔丘、孟軻之故步，蓋啓戰國諸子中積極人生觀者最新派之天道觀，已走盡全神論之道路，直入無神論矣！見氏著：〈第三章諸子天人論導源〉，《性命古訓辨證》，頁 151。

〔註 9〕鮑國順分析〈天論〉認爲荀子看清天道或天命與人事之間沒有必然的關係，所以強調「天人之分」，能明於此義的爲「至人」，並再實踐上提出因天制天的意見，使得其學說更富於現實意義。然而荀子也承認有天命的存在，然而荀子認爲我們要將這樣的心力，置於對現實生活有所增進的部分。詳看鮑國順著：《荀子學說析論》（台北：華正書局，1982 年 6 月初版），頁 6～8。牟宗三也認爲荀子的天並非形而上與藝術的天，而是一自然的天，亦即科學中「是其所是」的天，具有消極的「被治」的意涵。詳見氏著：《名家與荀子》（台北：台灣學生書局，1994 年 8 月初版五刷），頁 214。龍宇純亦認爲以「天」爲自然的觀念受到莊子影響，然而荀子將消極之因循轉爲積極之自主。見氏著：《荀子論集》（台北：台灣學生書局，1987 年 4 月初版），頁 282。

之德「無爲」的部分）。〔註10〕

　　荀子便是在繼承《莊子》一書以天地爲宗的自然天道觀後，從「人文」的角度針對當時社會問題提出「人」如何安處並改變的問題，從而批評莊子「蔽於天而不知人」，正是看到莊子太過於強調「天」的渾成與完整，整個價值性都歸於「天」，所以《莊子》一書強調人要以「道術」體證「天」，然而，如此的作法將會導致無法肯定「人」可以於現世成就自己價值的意志，故不能於「方術」中建立起普遍的人文精神。荀子在〈天論〉篇中提到：

　　　　大天而思之，孰與物畜而制之？從天而頌之，孰與制天命而用

　　　　之？……思物而物之，孰與理物而勿失之也？（頁378）

荀子於文獻中所批判的都是針對莊子一派而言，認爲《莊子》常說「物物而不物於物」便是指得道的人能超於萬物之上，使物而不爲物所使，這是當人實踐體道的工夫後，能滌除外物的影響去認識萬物的齊一，取消事物間一切相對的觀念，荀子於此有所批判並提出「理物而勿失之」，從客觀實用的觀點將「物」的功能性與分別突顯出來，即將視角轉向人文思索與認知的方法，強調如何去認知物自身，繼而把握住「物」的眞貌來提出人如何藉由認知「物」的功能，運用正確的方法建立普遍的人文價值，即荀子〈禮論〉所謂「禮者，人道之極也。」（頁429）以「禮義」作爲人道中最高的指導原則。

第一節　「解蔽」中吸收自莊子的方法論

　　荀子繼承《莊子》一書返歸自然之天的觀點後，提出「天人之分」批評莊子的觀念，進一步提出「人」當如何從現實人生中建立普遍的價值問題，首先荀子觀察到了莊子提到的「物」各有其功能的思想，在〈君道〉提出：

　　　　人習其事而固，人之百事，如耳目鼻口之不可以相借官也。故職分

　　　　而民不探，次定而序不亂，兼聽齊明而百姓不留。（頁276）

言人習其事而各有專職，如同耳目口鼻各有專司不能相借用一般，荀子認爲人皆有所長，應依其所長任其職司而不可相亂，如同感官作用不可互相借用一般。並於〈天論〉篇提出「耳、目、鼻、口、形，能各有接而不相能也，

〔註10〕　夫帝王之德，以天地爲宗，以道德爲主，以無爲爲常。無爲也，則用天下而有餘；有爲也，則爲天下用而不足。故古之人貴夫無爲也。（《莊子・天道》，頁465）指王者本宗於天地，故覆載無心，君主於道德，故生而不有，雖復千變萬化而常自無爲。

夫是之謂天官」（〈天論〉，頁 366）將耳、目、鼻、口、形等感官作用歸於「天官」，這是荀子對莊子的闡發，但以「心」的能思爲天君以統攝天官中感官的欲，使之協調，這明顯是承襲自孟子「心之官」的說法，〔註 11〕然而不同於孟子強調喚醒本心具有的道德良知之「覺」的內在省思，荀子以具有外在客觀標準與方法之「效」作爲學習的依歸。

荀子認爲各種學說與學問「各有接而不相能」，這種觀念溯其源同於《莊子・天下》篇提出「譬如耳目鼻口，皆有所明，不能相通。」（頁 1069）的說法，莊子指出自我在思維情感上的限制會使得學說產生侷限性，荀子繼承這個限制的觀點，並且要尋求義理上對於人性根源的支撐，這即是「義理」，然而在強調「認知」的觀點上，明顯可以看出《莊子》提出對於感官思維之「蔽」產生的限制的觀點對荀子「解蔽」理論建構的影響。〔註 12〕

莊子認爲在成爲體道「至人」的過程中，需要經過「心齋」與「坐忘」的工夫歷程，從而達到「獨與天地精神往來，而不敖倪於萬物，不譴是非，以與世俗處」（〈天下〉，頁 1098～1099）的與萬物和諧的境界，莊子便是在破除是非觀念的執著無定於一方的「道樞」（彼是莫得其偶）中去除「心」的執著而得「虛」、「靜」，〔註 13〕因爲《莊子》認爲人一進入語言系統，人心的靈活程度就會受到限制，因爲「有所成，就會有所虧」，心受到外物的干擾就會喪失虛靜，所以能復歸於心的虛靜便能應物於無窮。而荀子於〈解蔽〉篇中便是發揮這種認知「方術」之「言」中的「成」與「虧」，從而發揮建構最具有效益的價值體系，對於如何「知蔽」，荀子將其歸於「心術」的運用：

　　聖人知心術之患，見蔽塞之禍，故無欲無惡，無始無終，無近無遠，

　　無博無淺，無古無今，兼陳萬物而中縣衡焉。是故眾異不得相蔽以

〔註 11〕《孟子・告子》：「耳目之官不思，而蔽於物。物交物，則引之而已矣。心之官則思；思則得之，不思則不得也。」〔宋〕朱熹注：《四書章句集注》（高雄：復文圖書出版社，1985 年 9 月初版），頁 335。孟子是荀子之前提出心具有思維功能的思想家。而李美燕分析出，孟子的「心之官」較偏向道德理性的成分，能思多指「道德心」的呈現。李美燕：〈孔、孟、荀三子對於「欲」的省察與對治之道〉，頁 9。於此可觀察到荀子對於孟子「心之官」所具有的從德理性的自覺，將其轉變爲認知心的作用。

〔註 12〕錢穆亦分析出，荀子思想是對物的，是純理智的。但非純思辨的，他的獲得理智的方法，卻有些近於莊子。見氏著：《中國思想史》（台北：臺灣學生書局，1980 年 9 月），頁 65。

〔註 13〕張亨亦分析出將「虛」、「靜」歸攝到心上來說首見於莊子。見氏著：〈荀學與老莊〉，頁 15。

亂其倫也。(〈解蔽〉,頁482)

此「心術」所指為認知方法,而這不同於莊子的「兼懷萬物」的「無彼無是」「無是無非」的體道精神,荀子對此有繼承修改的部分,荀子認為要「兼陳萬物而中縣衡」,繼而提出「無欲無惡」、「無始無終」、「無近無遠」、「無博無淺」、「無古無今」,要消除認知中的一切障礙。以「衡」為判斷事物的標準,因事物相對面會產生相非的矛盾,所以要以認知的方式為之度量與判斷,並由此提出「心術」之蔽:

故為蔽:欲為蔽、惡為蔽,始為蔽、終為蔽,遠為蔽、近為蔽,博為蔽、淺為蔽,古為蔽、今為蔽。凡萬物異則莫不相為蔽,此心術之公患也。(〈解蔽〉,頁474)

荀子這五組剛好每組都是相反的兩面,「欲」、「惡」表明人的情感;「終」、「始」指事情的本末;「遠」、「近」便是空間的概念;「博」、「淺」便是知識的概念;「古」、「今」是時間的概念,荀子便是認為當人只知道事物的一面時,不見另一面,容易產生知識的弊端。這便是在莊子「全」的認知境界下,認為事物所得所見都偏於一面,即「曲」的觀點下,〔註14〕荀子以人文價值的觀念進一步闡釋,說明人要如何「知道」,〔註15〕發揮辯證的思維,〔註16〕看到事物間的差異,並從這差異的對立面看見「曲知」的一方都有所蔽,這是繼承自莊子的部分,荀子與莊子認為關鍵同樣在於「心」的作用,〔註17〕而這個

〔註14〕 北海若曰:「井蛙不可以語於海者,拘於虛也;夏蟲不可以語於冰者,篤於時也;曲士不可以語於道者,束於教也。」(〈秋水〉,頁563)除了「曲士」一詞外,「井蛙」一詞《荀子》一書亦可見到使用,如〈正論〉中「淺則不足與測深,愚不足與謀知,坎井之蛙不可與語東海之樂」(頁396)。由此可見《荀子》一書在觀念及詞彙上對於《莊子》一書的繼承。

〔註15〕 伍振勤分析莊子將通明意識回歸「混芒之道」,荀子則將通明意識與再現「禮義之道」相聯繫。見氏著:〈兩種「通明意識」——莊子、荀子的比較〉,頁3。牟宗三分析荀子只言人道治天,而天卻無所謂道。即有道,亦只是自然之道。人以禮義法度而行其治,則能參。參者治己而遂以治天也。詳見牟宗三著:《名家與荀子》(台北:台灣學生書局,1994年8月初版五刷),頁214。

〔註16〕 池田知久分析,這種「反話式」的辭彙,便是辯證法的特徵之一,違反形式邏輯學的矛盾律。見氏著,黃華珍譯:《《莊子》——「道」的思想及其演變》,頁578。牟宗三先生提到辯證法是一種玄學方法,它必須牽涉著「真實世界」說,分為原始和諧、正反對立,對立底統一。辯證法處在一定的知性領域以上,即超知性層,分為精神表現底發展過程與形而上的絕對真實。見氏著:《理則學》(台北:正中書局,1975年10月),頁271~272。

〔註17〕 牟宗三分析,荀子的心僅是認識其思辨之用,故其心是認識的心,非道德的

—43—

認知的標準仍要以「道」作爲依據，只是荀子更強調認知的一面所起的作用，認爲心要先能認知「道」，所以強調「知」的條件，這即是知識的方法，展現「心」的大清明狀態，如〈解蔽〉所言：

> 人何以知道？曰：心。心何以知？曰：虛壹而靜。心未嘗不臧也，然而有所謂虛；心未嘗不兩也，然而有所謂一；心未嘗不動也，然而有所謂靜。人而有知，知而有志。志也者，臧也；然而有所謂虛，不以所已臧害所將受謂之虛。心生而有知，知而有異，異也者，同時兼知之；同時兼知之，兩也；然而有所謂一，不以夫一害此一謂之壹。心，臥則夢，偷則自行，使之則謀，故心未嘗不動也；然而有所謂靜，不以夢劇亂知謂之靜。未得道而求道者，謂之虛壹而靜。作之：則將須道者之虛則入，將事道者之壹則盡，盡將思道者靜則察。知道察，知道行，體道者也。虛壹而靜，謂之大清明。萬物莫形而不見，莫見而不論，莫論而失位。坐於室而見四海，處於今而論久遠。疏觀萬物而知其情，參稽治亂而通其度，經緯天地而材官萬物，制割大理而宇宙裏矣。恢恢廣廣，孰知其極？睪睪廣廣，孰知其德？涫涫紛紛，孰知其形？明參日月，大滿八極，夫是之謂大人。夫惡有蔽矣哉！（〈解蔽〉，頁 484）

心能認知道的條件在於「虛壹而靜」，以「兼知」的功夫去達致正確的認知，藉由方法建構知識的觀念，其間有道家的功夫，[註 18] 由「虛」不使自己成

心。詳見氏著：《名家與荀子》（台北：台灣學生書局，1994 年 8 月初版五刷），頁 224。鮑國順分析，荀子的智識心並不屬於孟子的「道德心」意涵，而是從人類認知能力上去把握人心，所以荀子的「心」僅具有認識能人，並無善惡可言，也就是價值中立。詳見鮑國順著：《荀子學說析論》，頁 148。周群振亦分析荀子爲「知性主體」，見氏著：《荀子思想研究》（台北：文津出版社，1987 年 4 月初版），頁 2。韋政通分析出「認知心」以辯說、正名、知識論表現出來。見氏著：《荀子與古代哲學》（台北：台灣商務，1997 年 4 月二版二刷），頁 184。伍振勤認爲雖然莊荀兩者都標舉一種能夠貫通無礙、涵蓋普遍的「通明意識」，然而莊子是以「聞和」、「見曉」來界定得道之人的「聽之以氣」、「知通於神」的通明；荀子是以「兼聽齊明」強調意識的「聽斷以類」的知識形式表現其通明。見氏著：〈兩種「通明意識」──莊子、荀子的比較〉，頁 2～3。

〔註 18〕 張亨分析出，荀子的「虛」是一種超越化除的功能，重在人對已經有的知識的超越，使免爲成見所圍作爲心所固具的性格。這一思想淵源顯然是出於道家，尤其是莊子。莊子的「心齋」、「坐忘」、「唯道集虛」之說，乃有見於人心爲知識所桎梏而不得識道，唯有經此「虛」、「忘」的之工夫始能見道。荀

見去影響對知識的體認，「壹」爲排除論說時彼此各有所蔽的見解，並且要能「靜」，即排除意識情感的干擾。如此則能萬物莫形不見，莫見而不論，莫論而失位，保持心的清明，〔註19〕使得知無所蔽，便能正確的去認知萬事萬物，這部分是繼承莊子兼陳萬物的觀點，然而荀子便是由「知物」的方法拓展爲「知道」以致於「行道」的認知過程，〔註20〕其間的條件一爲「解蔽的功夫」；一爲「積習」〔註21〕的過程。經過不斷的認知思考，並學習前人有效的經驗學問，經過「解蔽」的兼知後，產生禮義法度的準則，控制人欲的放縱對社會群體的危害，改變人的氣質以成爲君子，這也是聖人要以禮義法度作爲社會規範的原因。

第二節　繼承《莊子》的詞彙意涵

一、「至人」的繼承

　　莊子提出「至人」這樣的人格是體證「道術」的典範，如〈逍遙遊〉「至人無己，神人無功，聖人無名。」（頁 17）〈齊物論〉也提出「至人神矣！大澤焚而不能熱，河漢沍而不能寒。」（頁 96）〈人間世〉也提出「古之至人，先存諸己而後存諸人。」（頁 134）〈天下〉提出「不離於眞，謂之至人。」（頁 1066）從《莊子》一書中許多用例去看，「至人」是《莊子》一書當中的核心觀念，〔註22〕指發揮「道術」於至極的人格。

　　荀子書中所使用的「至人」同樣由《莊子》一書而來的概念，荀子於「至人」觀念亦有所繼承，如〈天論〉所言「故明於天人之分，則可謂至人矣！」（頁 362）但荀子從《莊子》一書繼承的「至人」觀念在〈解蔽〉所中

　　　子雖採其「虛」卻棄其「忘」，因而並不排斥知識。見氏著：〈荀子對人的認知及其問題〉，頁 198。

〔註19〕張亨分析出，人心必須祛除這些想像和思慮，使「心」歸於清明，才能客觀而理智的的認知「道」。荀子這一靜的觀念同樣也出於老、莊，不過道家作爲修養工夫的意味重，荀子則以靜爲「知」的一種手段。見氏著：〈荀子對人的認知及其問題〉，頁 200。

〔註20〕詳見伍振勤，〈兩種「通明意識」──莊子、荀子的比較〉，頁 9。

〔註21〕此爲「僞」的工夫，即荀子〈正名〉篇所言「情然而心爲之擇謂之慮，心慮而能爲之動謂之僞。慮積焉，能習焉，而後成謂之僞」（頁 506），藉由「心術」的解蔽後，藉由學習去兼知眾理，從而逐漸提升自己。

〔註22〕關於荀子繼承莊子觀念的部分可以參考本論文〈附錄二　莊子、荀子概念繼承表〉。

所有轉化：

> 夫微者，至人也。至人也，何彊，何忍，何危？故濁明外景，清明
> 內景。聖人縱其欲，兼其情，而制焉者理矣，夫何彊，何忍，何危？
> 故仁者之行道也，無爲也；聖人之行道也，無彊也。仁者之思也恭，
> 聖人之思也樂。此治心之道也。（〈解蔽〉，頁 493）

荀子吸收莊子的「至人」觀念，然而賦予人文的意涵，對於莊子思想中僅知
天不知人的「體道至人」，荀子於〈天論〉中提出「至人」當明於「天人之
分」，即以「解蔽」的方式爲「治心」的方法，至人的內涵被荀子以儒家的仁
者與聖人替換，然而行道的方法能夠達到「無爲」與「無彊」的效果，這樣
的效果是由「解蔽」的認知方法達致通明於天下，與莊子以「心齋」體證道
術的方法能夠達至「同於大通」的歷程是一致的，然而「靜」在莊子是表現
爲萬物無足以撓心的境界，也是掃除這種情狀的工夫，荀子把這種「靜」當
作取得「知」的作用，〔註 23〕從而使得荀子的通明較偏重在現實層面的治道
範圍。

二、「道術」與「方術」的繼承與發展

荀子〈堯問〉總評荀子的學術價值，明確使用了「方術」一詞，與《莊
子》一書於〈天下〉篇提出的「方術」觀念是一致的，都是作爲「一家之言」
來表述：

> 今之學者，得孫卿之遺言餘教，足以爲天下法式表儀，所存者神，
> 所過者化，觀其善行，孔子弗過。世不詳察，云非聖人，奈何！天
> 下不治，孫卿不遇時也。德若堯、禹，世少知之；方術不用，爲人
> 所疑；其知至明，循道正行，足以爲紀綱。（〈堯問〉，頁 681）

同《莊子·天下》總評莊子自家學術的價值一樣，《荀子》一書於〈堯問〉篇
同樣爲荀子自身學術給予了評價，認爲荀子的「方術」足以爲「綱紀」。從文
獻用例可以觀察出荀子將「方術」作爲學說意涵使用，並且指向治道的意義
上使用。

荀子〈非十二子〉篇繼承《莊子·天下》篇中「方術」的學派觀念，在
文中詞彙使用上，荀子對《莊子》一書也有明顯的繼承，如：

> 士君子之容：其冠進，其衣逢，其容良；儼然，壯然，祺然，蕼然，

<hr/>

〔註 23〕 張亨：〈荀學與老莊〉，頁 16。

恢恢然，廣廣然，昭昭然，蕩蕩然。是父兄之容也。其冠進，其衣
逢，其容愨；儉然，侂然，輔然，端然，訾然，洞然，綴綴然，瞀
瞀然。是子弟之容也。（〈非十二子〉，頁107）

楊倞注：「塡塡然，滿足之貌。盡盡，極視盡物之貌。盱盱，張目之貌。滿
滿，閉目之貌。」荀子論述學者怪異之容所用的形容詞，多出於《莊子》
一書，如〈馬蹄〉：「故至德之世，其行塡塡。」（頁334）成玄英《疏》「塡
塡，滿足之心。」〈庚桑楚〉：「老子曰：『汝自洒濯，熟哉鬱鬱乎！然而其中
津津乎猶有惡也。』」（頁783）俞樾《諸子平議》解荀子〈非十二子〉的「盡
盡」，使用義訓認爲「盡盡，猶津津也。」〔註24〕即用《莊子》一書意，如
〈庚桑楚〉篇：「津津乎猶有惡也。」（頁783）。荀子「盱盱」之用，考《莊
子·寓言》篇引老子：「老子曰：『而睢睢盱盱，而誰與居？大白若辱，盛德
若不足。』」（頁963）郭象注：「盱盱，跋扈之貌。」此與荀子〈非十二子〉
楊倞注「盱盱，張目之貌。」〔註25〕意義相近。荀子使用的「瞞瞞」與《莊
子·天地》：「子貢瞞然慚，俯而不對。」（頁434）據《經典釋文》引《字
林》：「瞞，目貲平貌。」〔註26〕此與〈非十二子〉楊倞注「閉目之貌」義
近，〔註27〕在詞彙及意涵的使用上可見荀子具有「學派」觀念的〈非十二
子〉篇的用字多本《莊子》一書之言〔註28〕，可見本篇受到《莊子》一書影
響的程度。

　　荀子於批判諸子中建立起普遍的人文價值，由繼承自《莊子》中「方術」
的學派觀念，以明於「天人之分」的至人開展出荀子「道術」的內在價值，
歸納荀子接近《莊子》一書表述「道」的方式之文獻，明顯可以觀察出荀子
針對《莊子》一書蔽於「天」之處予以批判並超越的地方，如下表八「道」
字意涵表：

〔註24〕　〔清〕俞樾著：《諸子平議》（台北：世界書局，1991年9月），頁140。
〔註25〕　〔先秦〕荀子著，〔清〕王先謙集解：《荀子集解》（台北：世界書局，1977
　　　　　年10月九版），頁56。
〔註26〕　〔唐〕陸德明著：《經典釋文》（台北：鼎文書局，1991年3月），頁378。
〔註27〕　〔先秦〕荀子著，〔清〕王先謙集解：《荀子集解》，頁65。
〔註28〕　莊、荀詞彙相承的證明文獻詳見何志華：〈荀卿部分論說源出辯莊證〉，《莊子
　　　　　國際學術研討會論文集》（華東師範大學，11月7日～10日），頁267～268、
　　　　　468。及嚴靈峰〈論「莊子天下篇」非莊周所自作〉，《無求備齋學術論集》，
　　　　　頁442～454。

文　獻	意　涵	篇　名
神莫大於化道	爲學則自化道，故神莫大焉！「神」只儒家道德修養的最高境界。「化道」是以禮義爲實質，化於禮義之中。	〈勸學〉，頁 2～3
以道觀盡，古今一也	此「道」爲禮義，指禮義之道可以觀盡天下事物之理。	〈非相〉，頁 82～83
樂樂兮其執道不殆也，炤炤兮其用知之明也，……——如是，則可謂聖人矣，此其道出乎一？曷謂一？曰：執神而固。曷謂神？曰：盡善挾治之謂神，萬物莫足以傾之之謂固。神固之謂聖人。	操持大道，始終不懈，如石一般的堅固。善用其智，故所見甚爲明晰。「一」指專心一致，始終如一。言聖人能有此德象，其道乃由於專一於先王之道。言所事無一不善，無一不治的便是「神」。言萬物不能傾移其所守的就是「固」，具有這樣特質的人就是「聖人」。	〈儒效〉，頁 141～142
官人守天，而自爲守道也	指守天是官人的職責，國君的「道」是指人道與治道。	〈天論〉，頁 369～370
萬物爲道一偏，一物爲萬物一偏。愚者爲一物一偏，而自以爲知道，無知也。	道指自然界的主宰，同時包括人文界的主宰，就自然一面說，萬物自是道之一偏。	〈天論〉，頁 381
曲容備物之謂道矣。	事事物物辦得從容美備是其原則。	〈禮論〉，頁 450
曲知之人，觀於道之一隅而未之能識也。	治道。	〈解蔽〉，頁 478
何謂衡？曰：道。……故治之要在於知道。	「道」即禮義，治國之要在於「知道」。	〈解蔽〉，頁 482～483
人何以知道？曰：心。心何以知？曰：虛壹而靜。	「知」是心的本性，使得不同的事物可以同時去認識它。	〈解蔽〉，頁 484

　　荀子雖繼承道家「道」的觀念，但不同於道家建立一本體的根源，荀子將「道」、「禮義」與「僞」名異而實同，都歸於聖人的製作，〔註 29〕即沒有「道」超越性的保證，〔註 30〕僅保留了作爲建構社會秩序的方法意涵，便是「方術」的觀念，藉由「心術」的兼知與兼物來設計出符合社會秩序的禮義原則，在認知的角度下，由「知物」而通於「知道」，「道」於此成爲一需要當代重新建構的客觀價值。

〔註 29〕張亨：〈荀子對人的認知及其問題〉，《台灣大學文史哲學報》第二十期（1971年 6 月），頁 193。
〔註 30〕周羣振即分析出，因爲經驗主義的心態，所以荀子缺乏「形上的超越實體」。見氏著：〈荀子之心術觀與性惡觀——由孔孟學統對較下顯見底荀子心性思想之實指〉，頁 186。

三、「心術」意涵及方法的繼承

由繼承《莊子》一書「道術」的方法發展成「解蔽」中的「虛壹而靜」，荀子由此展開對於人性價值的建構，即「化性起偽」思想的核心觀念，這即是荀子的「心術」觀念。〔註31〕如荀子〈解蔽〉：「聖人知心術之患」（頁482）「心術」觀念於《莊子》一書中也有所見，如《莊子》一書〈天道〉篇：「心術之動，然後從之者也。」（頁 468）考索荀子一書使用「心」或「心術」都不作為本體或主體的意義，都是指方法或作用的意義，並以「術」作為心的思維與運作，與《莊子》一書使用「心術」意義上相同。〔註32〕

從上述中用字及觀念的觀察，今以下表歸納出荀子繼承《莊子》一書觀念的主要篇章，表九歸納荀子繼承《莊子》篇章表：

篇章	〈天論〉	〈解蔽〉	〈非十二子〉
繼承觀念	至人（道術價值）	心術（解蔽方法）	方術（學說及學派意涵）

第三節　由「曲」而「全」的認知層面

荀子〈解蔽〉篇提出「曲」而「全」的觀念，便是從《莊子》一書觀察整體的「道術」與「方術」的方法而來：

> 凡人之患，蔽於一曲，而闇於大理。治則復經，兩疑則惑矣。天下無二道，聖人無兩心。今諸侯異政，百家異說，則必或是或非，或治或亂。亂國之君，亂家之人，此其誠心，莫不求正而以自為也。

〔註31〕 此「心術」根柢在於「性惡」之說，依據鮑國順分析荀子認為「生之所以然者，謂之性」明顯可以知道「性」在荀子屬於自然論，同告子所謂「生之謂性」的觀點，所謂「性惡」實為因人有「欲」，所以在後天易流向於惡。參看鮑國順著：《荀子學說析論》，頁13。周群振也分析出荀子性惡一說本告子「自然而然」為一「本始材樸」。周群振著：《荀子思想研究》，頁25。

〔註32〕 周群振分析，認為「心」只是順著「術」而行，而「術」有待於 最高原理原則以為指導的方術、方法或作用，心之所以能知「道」，指禮義等道德原則，是道由於外在而加諸於心，所以心僅能守之。見氏著：《荀子思想研究》，頁33。韋政通分析出虛壹而靜的大清明之心，以去蔽達成內在標準的建立，禮義為外在的標準，能虛能靜的心為內在的標準，一屬主觀功夫，一屬客觀型範。韋政通著：《荀子與古代哲學》，頁157。韋說周延，按周說心僅具有被動容道的效果，然而考索荀子原文「心」確能主動由解蔽獲致大清明之心。

妒繆於道，而人誘其所迨也。私其所積，唯恐聞其惡也。倚其所私，以觀異術，唯恐聞其美也。是以與治離走，而是己不輟也。豈不蔽於一曲，而失正求也哉！心不使焉，則白黑在前而目不見，雷鼓在側而耳不聞，況於蔽者乎！德道之人，亂國之君非之上，亂家之人非之下，豈不哀哉！（〈解蔽〉，頁472）

楊倞注「一曲」爲一端之曲說，這是繼承《莊子》一書「方術」的觀念，延伸而來的諸子有見於一偏的思維。《莊子・天下》提出，相較於古之「道術」的「全」（渾全），諸子之見都只是「一曲」之說，這樣的觀點同樣見於《莊子・大宗師》中提出知天之所爲及知人之所爲兩個層面的「知」〔註33〕，並在知人之所爲的部分「以其所知，養其所不知」，這便是指諸子僅見「道術」的局部。所以，荀子認爲便是這一種「局部」的見使得人被一些現象所蒙蔽，無法掌握事物普遍全面的規律，所以荀子於〈天論〉中提出：

萬物爲道一偏，一物爲萬物一偏。愚者爲一物一偏，而自以爲知道，無知也。（頁381）

可見「一曲」、「一偏」都是未見全體的「曲知」，荀子於此提出「曲知」之蔽，〔註34〕楊倞注「曲知」爲「言不通於大道」考索荀子原文：

曲知之人，觀於道之一隅而未之能識也。故以爲足而飾之，內以自亂，外以惑人，上以蔽下，下以蔽上，此蔽塞之禍也。孔子仁知且不蔽，故學亂術足以爲先王者也。一家得周道，舉而用之，不蔽於成積也。故德與周公齊，名與三王並，此不蔽之福也。（〈天論〉，頁478）

荀子由此認爲曲知之士未可言道也，如：

何謂衡？曰：道。故心不可以不知道；心不知道，則不可道而可非道。人孰欲得恣而守其所不可以禁其所可？以其不可道之心取人，則必合於不道人，而不合於道人。以其不可道之心與不道人論道人，亂之本也。夫何以知？曰：心知道然後可道，可道然後能守道以禁

〔註33〕 知天之所爲，知人之所爲者，至矣。知天之所爲者，天而生也；知人之所爲者，以其知之所知以養其知之所不知，終其天年而不中道夭者，是知之盛也。（〈齊物論〉，頁224）

〔註34〕 鮑國順分析，荀子的知識論爲能以名的「單」、「兼」、「共」是根據同實異實的性質而定的職名，即「共名」與「別名」的問題。並在認識論方面能分析出荀子提出「能知」與「被知」的問題，繼而討論到知識的形成。詳見鮑國順著：《荀子學說析論》，頁140～141。

非道。以其可道之心取人，則合於道人而不合於不道之人矣。以其可道之心與道人論非道，治之要也。何患不知？故治之要在於知道。（〈解蔽〉，頁 482～483）

荀子指出心知的作用在於「知道」，其本質只是作爲「術」或「作用」的意義，指一種認識活動，所以荀子將「方術」的知性功能放在「道」的標準思索，這是本於莊周，如《莊子·秋水》：「曲士不可語於道者，束於教也。」（頁 563）成玄英《疏》：「曲見之士，偏執之人。」《莊子·天道》：「此之謂辯士，一曲之人也！」（頁 473）成玄英《疏》：一節曲見偏執之人。《莊子·天下》篇：「不該不遍，一曲之士也。」（頁 1069）成玄英《疏》：「未能該通周遍，斯乃偏僻之士，滯一之人，非圓通合變者也。」由上述文獻可以觀察出《莊子》一書「曲士」、「一曲之士」、「一曲之人」諸概念與荀子「曲知之人」意義相同，又荀子以「一曲」對「大理」的對舉的方式是同於《莊子》一書思想，如《莊子·秋水》亦使用過「大理」一詞，〔註35〕所指爲「大理之虛通」，「大理」即是「大道」之意，而關於「全」與「曲」的辯證，如《莊子·天下》中「方術」與「道術」對舉的觀念，從以上的觀念考索可見荀子對《莊子》一書的承繼關係。

荀子並由對諸子「方術」批判中，開展了「古之道術」中「人爲」〔註36〕的一面，所以強調了「學」〔註37〕：

學惡乎始？惡乎終？曰：其數則始乎誦經，終乎讀禮；其義則始乎爲士，終乎爲聖人。眞積力久則入，學至乎沒而後止也。故學數有終，若其義則不可須臾舍也。爲之，人也；舍之，禽獸也。故《書》者，政事之紀也；《詩》者，中聲之所止也；《禮》者，法之大分、類之綱紀也。故學至乎禮而止矣，夫是之謂道德之極。《禮》之敬文也，《樂》之中和也，《詩》、《書》之博也，《春秋》之微也，在天地之間者畢矣。（〈勸學〉，頁 10）

藉由「經書」入手，最後通達人文禮儀，成爲一個具有知識學養的人。這種

〔註35〕「今爾出於崖涘，觀於大海，乃知爾醜，爾將可與語大理矣。」（〈秋水〉，頁 563）

〔註36〕根據牟宗三的分析荀子禮義法度皆由「人爲」，返而治諸天，氣質人欲皆天也。詳見氏著：《名家與荀子》，頁 214。

〔註37〕荀子學的意涵在於「尊師」與「隆禮」，能「好其人」、「近其人」，並於年代久遠的「經」、「禮」做爲指導的明燈。詳見鮑國順著：《荀子學說析論》，頁 19。

肯定經驗知識的價值，肯定知識可以決定人類行為的理論便是荀子理論的核心精神，在於重視人生現實的經驗及事實條理的觀察，〔註38〕也由此可以知道荀子看重的價值便是在於經書的價值，即作為治世的「禮義」〔註39〕的價值，作為人文之意義與價值的總原理。〔註40〕

第四節　「心術」中的「道」、「物」關係

荀子明確提出「心術」的文獻為〈非相〉：

> 故相形不如論心，論心不如擇術。形不勝心，心不勝術。術正而心順之，則形相雖惡而心術善，無害為君子也；形相雖善而心術惡，無害為小人也。（〈非相〉，頁73）

這段文獻說明了觀察人受命於天產生的「面相」，不如討論他具有的「心性」，討論他具有的「心性」，不如討論他所能學習的「心術」，因為「心術」正確，則「心性」自然能夠順從而改變，受命於天的形貌雖然不好，但可藉由「心術」而使得「心性」趨向於善，如此則能成為一個君子。而「心術」的內涵在於「解蔽」提到的吸收自《莊子》一書兼陳萬物的「兼知」的方法，如：

> 故君子賢而能容罷，知而能容愚，博而能容淺，粹而能容雜，夫是之謂兼術。（〈非相〉，頁86）

荀子說明君子要能於賢能而寬容柔弱不能任事的人，自己明智而能寬容愚笨的人，自己博深而能寬容淺薄的人，自己精粹而能寬容駁雜的人，這就是能夠善於「兼容」眾理的人。

〔註38〕　鮑國順著：《荀子學說析論》，頁18。

〔註39〕　趙士林分析荀子確立「禮」的權威性而立三本，即人與自然統一的「生之本」；「天地」與「類之本」（先祖）的統一：倫理與政治的統一，即「類之本」（先祖）與「治之本」（君師）的統一，便是這三本上統於「禮」，以成人文世界的標準與規範。詳見氏著：《荀子》（台北：東大圖書，1999年6月），頁116。

〔註40〕　伍國勤分析出荀子以「禮義」為人文世界的總原理，其道德意識徵象便是身心、動靜、言行之間合於「禮義」的精神。詳見伍振勤，〈兩種「通明意識」——莊子、荀子的比較〉，頁16。柳熙星分析出荀子的終極關懷為一「至平」的社會，此社會是以「禮」來達到，即「禮治」社會。荀子要求秩序性建構之目的就在於實現「至平」的理想社會。見氏著：柳熙星：《荀子哲學的秩序性建構及其困境》（東海大學哲學系博士論文，1998年），頁61。

在不同「方術」都有各自學說侷限的思維中，荀子在「解蔽」後能「兼知」不同功能效果的分析性角度下，提出職分區別，要能「兼容」眾人的不足，繼而要能容納眾人，這就是「禮義」角度下的「全」，藉由「職分」區別出人倫中具有的不同功能後，將人倫的普遍價值統攝於「禮義」，繼而由「聖王」實施，這個「聖王」是依循時代精神的「後王」。

所以荀子認爲「後王」建立禮義制度，需要根據現今的制度去類推古代聖王的道理，將聖王辨別上下名分而制定的「禮義」精神與方法，即是荀子〈正名〉所言的「故壹於道法，而謹於循令矣」（頁509），能夠根據當今的情況，依據「兼知」的方法，吸收各種治道方法中的有效方式與弊端，繼而使民眾根據禮義服依從法律政令。能夠爲以〈臣道〉所言「從道不從君」（頁292）的客觀標準，依當代的情況從而實踐禮義制度，就是天下的聖王〔註41〕。儒者依據「心術」方法認知當代諸子「方術」有所不見之處，以明析出在治道效果下，各家「方術」的有限性，從而實踐荀子〈儒效〉所言能「統禮義，一制度，以淺持博，以古持今，以一持萬」（頁149）的士君子，荀子經由將「方術」各自「曲」（偏差）的部分，經由適合的「職分」（功能）區別予以避免，求一個接近於「全」（全面性）的普遍方法，而這個方法就是「心術」，其核心價值就是「禮義」，荀子認爲這就是當代的「儒術」。如以下文獻：

> 故儒術誠行，則天下大而富，使而功，撞鐘擊鼓而和。《詩》曰：「鐘鼓喤喤，管磬瑲瑲，降福穰穰，降福簡簡，威儀反反。既醉既飽，福祿來反。」此之謂也。故墨術誠行，則天下尚儉而彌貧，非鬥而日爭，勞苦頓萃而愈無功，愀然憂戚非樂而日不和。《詩》曰：「天方薦瘥，喪亂弘多，民言無嘉，憯莫懲嗟。」此之謂也。（〈富國〉，頁211）

明確舉出「儒術」與「墨術」對比，認爲「儒術」的功用能夠使天下大富而和諧，反觀「墨術」僅能崇尚儉樸，但卻會使天下趨於貧窮勞苦，對於治天下沒有太大的功效。

〔註41〕《荀子・非相》：故曰：「欲觀聖王之跡，則於其粲然者矣，後王是也。彼後王者，天下之君也；舍後王而道上古，譬之是猶舍己之君而事人之君也。故曰：欲觀千歲，則數今日；欲知億萬，則審一二；欲知上世，則審周道；欲知周道，則審其人所貴君子。故曰：以近知遠，以一知萬，以微知明，此之謂也。」（頁80）

倚其所私，以觀異術，唯恐聞其美也。是以與治離走，而是己不輟
也。豈不蔽於一曲，而失正求也哉！心不使焉，則白黑在前而目不
見，雷鼓在側而耳不聞，況於蔽者乎！德道之人，亂國之君非之上，
亂家之人非之下，豈不哀哉！（〈解蔽〉，頁 473）

僅偏於一己認定的價值去觀察「方術」，就是「私」，這樣的觀點會讓自己蔽
於「一曲」，即同於《莊子》一書所言的於「道」所見不夠全面而產生「曲知」
的現象。心沒有真正的去以「解蔽」的方法而「兼知」、「兼容」，則如同種色
彩在前而目不見，各種聲音在前而充耳不聞，如此會對於各種「方術」的判
斷失去正確性，要能夠在「心術」中以「解蔽」的方法認知各種「方術」的
所見與不見，從局部的認識通達全面與正確的知識，而建構出接近於「全」
的判斷。

經由「解蔽」，荀子對於這樣偏於己見而不去「兼知」與「兼容」諸子提
出批判，認為諸子為了對治「萬物」提出的「方術」，在想法及理念上都有侷
限，如〈解蔽〉所言：

凡萬物異則莫不相為蔽，此心術之公患也。（〈解蔽〉，頁 474）

無法認知到萬物間因為相異所以都有各自所見的侷限，這就是諸子無法以
「解蔽」的「心術」作為認知方法產生的弊端。而這樣對萬物的正確認知與
對待，與《莊子》一書思想中的「以道觀之」的觀點十分接近，便是「解蔽」
方法中吸收自《莊子》一書的方法，然而僅停留在心可以知的「物之理」階
段，在這個階段莊子認為「物謂之而然」（〈齊物論〉，頁 69），要弭平物論而
在精神上通達於物化的境界，然而荀子並未更進一步要擺落心知的功能而體
證渾全的「道」，而是從名理上吸收「物謂之而然」的觀點認為「名無固宜」
〔註42〕，從而以「正名」制定眾物的實名。

荀子強調的是人可知的本性之發揮，落實在「心術」中成為對治「方術」
之蔽的「兼知」、「兼容」的方法，走向認知取向的思維。所以，荀子提出與
《莊子·天下》篇一致的「曲知」觀點，如：

曲知之人，觀於道之一隅而未之能識也。故以為足而飾之，內以自
亂，外以惑人，上以蔽下，下以蔽上，此蔽塞之禍也。孔子仁知且

〔註42〕 張亨觀察出莊子認為事物本身並沒固定名稱的語言態度，因為這些符號是出
諸人為而非自然關係的思想。與荀子「名無固宜」的說法相近，然荀子是出
於對客觀語言的觀察。張亨：〈先秦思想中兩種對語言的省察〉，《思與言》第
八卷第六期（1972 年 3 月），頁 284。

不蔽，故學亂術足以爲先王者也。一家得周道，舉而用之，不蔽於
成積也。故德與周公齊，名與三王並，此不蔽之福也。(〈解蔽〉，頁
478)

精於道者也，精於物者也。精於物者以物物，精於道者兼物物，故
君子壹於道而以贊稽物。壹於道則正，以贊稽物則察；以正志行察
論，則萬物官矣。(〈解蔽〉，頁490)

荀子將無法正確認識方術之蔽的人判爲「曲知之人」，而明確以孔子爲不蔽之
人，這便是肯認儒家禮義的價值。認爲聖人因爲知道「心術」的患害，精於
道理，所以可以兼治各種事物。心之所以具有能知的功能，在於心要能發揮
最高的認知功能在於要能「包藏」(虛)、「兼知」(一)、「不動」(靜)，同時
表現出心的超越性、統攝性和客觀性[註43]，如此才能認知萬物眾類雖然相
異而不會互相蔽塞而亂其理，認識的事物越多就越精於「物」而能正確使用
發揮功能，越精於「道」則能正確的安排「物」跟「物」間的關係，而成爲
能夠「萬物官」，關於「知識」的討論如：

凡以知，人之性也；可以知，物之理也。以可以知人之性，求可以
知物之理，而無所疑止之，則沒世窮年不能遍也。其所以貫理焉雖
億萬，已不足以浹萬物之變，與愚者若一。(〈解蔽〉，頁498)

荀子於此展開知識論中對於「能知」與「所知」的討論，提出「人之性」在
於「能知」，可以知的爲「物之理」，明顯可以發現受到《莊子·天地》篇提
出「物成生理，謂之形」(頁424)物得成就，生理具足，根據物的本性就能
夠通於萬物的觀念影響。然而荀子肯認人的能知之性可以讓人對於「方術」
間的侷限與未見予以並列而分析，特別是對於爲士更是明確的提出爲標準爲
「審知」：

哀公曰：「善！敢問何如斯可謂士矣？」孔子對曰：「所謂士者，雖
不能盡道術，必有率也；雖不能遍美善，必有處也。是故知不務多，
務審其所知；言不務多，務審其所謂；行不務多，務審其所由。故
知既已知之矣，言既已謂之矣，行既已由之矣，則若性命肌膚之不
可易也。故富貴不足以益也，卑賤不足以損也。如此，則可謂士
矣。」(〈哀公〉，頁664)

荀子認爲「士」雖然不能窮盡「道術」的本質，然而也能有所依循的原因在

[註43] 張亨著：〈荀子對人的認知及其問題〉，頁201。

於能「審其所知」，繼而在實踐上審其所行與所由。如此則可以真正成為發揮治道的士君子。而關於如何審知的方法就是「心術」的內涵，其間的標準在於「兼容」：

> 故仁者之行道也，無為也；聖人之行道也，無彊也。仁者之思也恭，聖人之思也樂。此治心之道也。（〈解蔽〉，頁494）

所以荀子提出儒家人格的最高標準「仁者」與「聖人」，而認為成就這兩個標準的人需要有無為的工夫與無彊的心胸與視野去產生治道的效果，如此才是真正的治心之道，可見荀子在方法上繼承《莊子》一書觀點，然而於價值意義的部分仍然是走向儒家治世的思維，所以對於諸子間的「方術」明確的對其所「蔽」處，於不同篇章中反覆予以揭露：

> 「山淵平」，「天地比」，「齊秦襲」，「入乎耳，出乎口」，「鉤有須」，「卵有毛」，是說之難持者也，而惠施、鄧析能之；然而君子不貴者，非禮義之中也。盜跖吟口，名聲若日月，與舜、禹俱傳而不息；然而君子不貴者，非禮義之中也。故曰：君子行不貴苟難，說不貴苟察，名不貴苟傳，唯其當之為貴。《詩》曰：「物其有矣，唯其時矣。」此之謂也。（〈不苟〉，頁39）

對於名理觀念能夠深刻分析的惠施與鄧析，在荀子的標準中認為君子不應該重視這樣的學問，因為那不是禮義的價值標準。對於能夠成就聲名的人也不是君子所應該去重視的，因為那也是不合於禮義的行為，真正的君子應該審時而動，對待萬物要其時，才能真正的成就禮義的標準。所以，對於「物」的關係，荀子重視以「禮義」的價值來規定標準，如：

> 程者，物之準也；禮者，節之準也。程以立數，禮以定倫；德以敘位，能以授官。凡節奏欲陵，而生民欲寬；節奏陵而文，生民寬而安；上文下安，功名之極也，不可以加矣。（〈致士〉，頁307）

認為讓萬事萬物都具有判斷的標準，而節之以禮義，如此則能規定上下的次序，依據各自的德來安排職位，授予官職，嚴明的標準與寬厚的治理百姓，就可以到達國家整體最高的普世價值，也就是「禮義」的標準明確的確立落實。所以，荀子以禮義為最高價值所在的「道術」，這樣的標準就是對萬物予以「制名」，才能客觀化的根據職分來加以對待，如：

> 故萬物雖眾，有時而欲遍舉之，故謂之物，物也者，大共名也。推而共之，共則有共，至於無共然後止；有時而欲偏舉之，故謂之鳥

獸，鳥獸也者，大別名也。推而別之，別則有別，至於無別然後止。
名無固宜，約之以命，約定俗成謂之宜，異於約則謂之不宜。名無
固實，約之以命實，約定俗成，謂之實名。名有固善，徑易而不拂，
謂之善名。物有同狀而異所者，有異狀而同所者，可別也。狀同而
為異所者，雖可合，謂之二實。狀變而實無別而為異者，謂之化。
有化而無別，謂之一實。此事之所以稽實定數也，此制名之樞要也。
後王之成名，不可不察也。(〈正名〉，頁 515～516)

所謂的萬物的總名可以稱為「物」，「物」就是最高的大共名，在其上沒有別
的涵攝觀念。人經由認知而能夠以知覺區分「物」，繼而能夠指認與言說「物」
的具體存在，從而對「物」命名，歸納「物」的屬性，將「物」的共相區別
出來形成概念。而其下可以派生如「鳥獸」等別名，這就是「分」的觀點，
目的在建立名類的秩序。而這樣的「名」是沒有一定的標準，都是根據約定
俗成來制定的「實名」。在「實名」之中又依據「同狀異所」（物有同狀而異
所）、「異狀同所」（有異狀而同一處所）的不同予以分別，「狀同而異所」者
就可以合為一名（同名），但仍要視為不同的來源，如此馬與彼馬就是二實。
「狀變而實無別而為異者」就是「化」，有化而無別就是就是真正的「實名」，
如蛹化為蝶，雖然形狀改變了，但來源不變，所以是一實。這就是荀子重視
由社會基礎組成的共同的「名」而討論名實問題，而這個「制名」的正當性
是由「後王」予以保證，[註44]「後王」以此來建立社會的秩序。

　　荀子這樣重視要以「心術」對制名內涵的名實予以分析與審察，都是為
了要讓「後王」能依據「禮義」所定的各項「實名」給予真正的標準，也就
是依據當代「物」的實情來設置合於「禮義」的「實名」。這就是荀子批判莊
子思想「不知人」的關鍵，離開了人的存在，知識本身就不存在任何價值，
因為知識就是屬於心理的認知活動，荀子提出「解蔽」的「心術」觀念就是
要藉助這種工具性的價值來達成建構人文社會的目標，然而純粹從「心術」
出發是無法由知識獲得完整的存在意義，提出能明於「天人之分」為「至人」
的荀子，將「禮義」的價值根源放到了知識之上，成為建構人文社會的義理
結構。

〔註44〕　王健文分析出荀子於諸子法先王上古的思維中第一次提出法後王的觀念，然
　　　　此後王指後王之法與先王之道，將先王之道具體落實粲然可觀的後王之法。
　　　　王健文著：《戰國諸子的古聖王傳說及其思想史意義》（台北：國立台灣大學
　　　　出版社，1987 年 6 月初版），頁 83～123。

第四章　《莊子》與《荀子》的學術觀

　　《莊子・天下》是先秦討論學術起源以建立學術的基本特質的文獻，並對於道家學術價值的立場之確立，由「道術」標準檢核先秦諸子的學術。《莊子・天下》言治「方術」者，乃是就諸子百家之學，因為有所聞於「道術」之一端，所以，將彼等判為一曲之士，《莊子》的學術評價標準是放在體證「道術」的程度上，討論的是諸子與道家學派對於「道術」觀念的所見與所蔽，所謂「道術」觀念便是經由對「方術」的超越反省而逼顯。〔註1〕所以今日要討論《莊子》的學術建構當由「道術」與「方術」的區分作為研究的起點。「道術」所指為體證道的方法，是道家的學術價值所在，「方術」則是諸子對該學術價值有所觸及的學問。

　　《莊子・天下》論述古之「道術」如何流衍為今之「方術」，這是作為學術起源與發展的思考，該文敘述「道術」的賅博不僅包括古代的賢聖和聖王都以此為本原，也將「道術」作為諸子「方術」起源的根源所在。根據《莊子・天下》文意可以推知古之「道術」源流後產生的學術面向有三：(1)舊法世傳之史，指史官或文獻。(2)詩、書、禮、樂等的國家經典。(3)「道術」散佈施用於中國者，指制度與思想，此一部份為百家之學所談論者，此即諸子學術。《莊子・天下》由此討論「學術」源流發展的內因，及對後代學術產生新的影響。〔註2〕

〔註1〕　王邦雄：〈論莊子天下篇評析各家思想的理論根據〉，見氏著：《儒道之間》（台北：漢光文化，1994 年 12 月），頁 104。

〔註2〕　徐漢昌先生分析，《淮南子・要略》論述儒者之學的部分提到孔子承襲成康之道與周公之訓，應即〈天下〉所謂「舊法傳世之史」；並提到孔子所修之篇籍，應即〈天下〉所謂在於詩、書、禮、樂的部分。見氏著：《先秦學術問學集》，

　　作爲學術發展根源的「道術」分散後形成的諸子「方術」，都僅是「道術」
的一部份而已。因爲《莊子‧天下》篇認爲古代早有一種理論或學問發展出
諸子的思想，這是從學術起源來思考所提出的假設，即古之「道術」是「全」，
後代流變的諸子「方術」是「曲」，同時〈天下〉也提出體證「道術」標準的
人格，即「不離於宗」、「不離於精」、「不離於眞」的天人、神人、至人，才
是返歸於「道術」之全的人。

第一節　「體證道術」型態的學術觀

　　《莊子‧天下》所以評判諸子，乃因認識到完整的「道術」包含「內聖
外王」〔註3〕的眞實沒有被世人所眞正認識，是以慨嘆「是故內聖外王之道，
闇而不明，鬱而不發。天下之人各爲其所欲爲以自爲方。」並且提出古代的
道術，存在於歷代史書制度與《詩》、《書》、《禮》、《樂》經典之中。〔註4〕

　　至於「道術」如何派生「方術」，〈天下〉言：

　　　天下之治方術者多矣，皆以其有爲不可加矣。古之所謂道術者，果
　　　惡乎在？曰：「無乎不在。」（頁 1065）

爲了建立人間世之普遍價值的需要，《莊子‧天下》以「道術」作爲建立全體
大用的形上基礎，〔註5〕而諸子的「方術」就是建立在求道的基礎下所聞的知

　　　頁 41。由此可以看見〈天下〉篇提出的學術觀對於後代處理學術源流的文獻
　　　產生觀念之影響。
〔註3〕 錢基博認爲「內聖外王之道」，莊子所以自名其學；而奧旨所寄，盡於〈逍遙
　　　遊〉、〈齊物論〉兩篇：蓋〈逍遙遊〉，所以喻眾生之大自在；而〈齊物論〉，
　　　則以闡眾論之無不齊。則是〈逍遙遊〉者，所以適己性，內聖之道也；〈齊物
　　　論〉者所以與物化，外王之道也。詳參錢基博著：《讀莊子天下篇疏記》（台
　　　北：台灣商務，2006 年 5 月二版一刷），頁 4。
〔註4〕 劉榮賢分析周代的王官政治以「六經」爲代表，古人道術之「全」，依全、備、
　　　純、大體等觀念都爲了其詮釋爲「內聖外王」爲主軸的三代政治。見氏著：《莊
　　　子外雜篇研究》，頁 467。從中更可以證明「經書」所具有的學術性是在孔子
　　　之前，如司馬遷言「中國言六藝者折中於夫子」，說明儒家學者了解經書的道
　　　理，但不表示「孔子的學術」等於「經典」本身淵源傳承的學術，所以《莊
　　　子‧天下》認爲諸子百家之學也時常講到古代的道術的一部份，當然於經書
　　　也會有相應的取用，如儒、墨都已經將部分的經典文獻列爲「經」。由此可見
　　　《莊子‧天下》中所言的古代的「禮義」經典制度的道術，荀子有所取法吸
　　　收。
〔註5〕 王邦雄：〈論《莊子》一書天下篇評析各家思想的理論根據〉，見氏著：《儒道
　　　之間》，頁 104。

識，形成諸子學術的「方術」。因為「道」無處不在，而體道的方法便稱為「道術」，〈天下〉一文認為當時知識份子關心如何拯救亂世，提出不同的救世方案，然這僅是得道術一偏的「方術」。

　　從「道術」發展為學派後，在「道術」的標準下評價各家返歸於「全」的程度，〔註6〕各家「方術」何者近於「道術」的價值，如其中提到了道家學派分化的現象，將道家分為三種型態，從價值上給予高下之別，這是屬於歸納與建構的「學派」觀念，一種議題化的學術觀。以下即從《莊子》對各家之評價來加以檢視。

一、墨翟、禽滑釐

　　《莊子·天下》評價墨家一派〔註7〕學術之說如下：

　　　不侈於後世，不靡於萬物，不暉於數度，繩墨自矯而備世之急，古之道術有在於是者。(〈天下〉，頁 1072)

　　　相里勤之弟子五侯之徒，南方之墨者苦獲、已齒、鄧陵子之屬，俱誦《墨經》，而倍譎不同，相謂別墨。(〈天下〉，頁 1072)

墨子不讓世人奢侈，對待萬物強調樸實而否定靡麗。不暉於數度為不闡明提倡禮法等級制度，即政教之施行與人文制度，如墨子提出的非樂與節葬的觀點都屬於這部分，這些是墨家學派的優點。即強調功利觀念及現實關懷，墨子學派以「兼愛」為出發點，思考如何興天下之利，去天下之害，強調社會上的公利。並敘述其學派的發展出相里勤之弟子五侯之徒，南方之墨者苦獲、已齒、鄧陵子之屬，俱誦《墨經》。至於墨家的影響在孟子時代已經可以看出，如：

　　　楊朱、墨翟之言盈天下，天下不歸楊則歸墨。(《孟子·滕文公下》〔註8〕)

《莊子》一書於〈在宥〉與〈齊物論〉中都提到儒、墨相非的現象，如：

　　　道隱於小成，言隱於榮華。故有儒墨之是非，以是其所非而非其所

〔註6〕　除馮友蘭外，池田知久亦將此篇斷為敘述道家學術發展的脈絡。池田知久著，黃華珍譯：《《莊子》——「道」的思想及其演變》(台北：國立編譯館，2001年12月初版)，頁 124～138。

〔註7〕　參張成秋著：《莊子篇目考》(台北：台灣中華書局，1971 年 7 月初版)，頁164。

〔註8〕　〔先秦〕孟子著，〔宋〕朱熹注：《四書章句集注》，頁 272。

> 是。欲是其所非而非其所是，則莫若以明。（〈齊物論〉，頁 63）

> 下有桀跖，上有曾史，而儒墨畢起。于是乎喜怒相疑，愚知相欺，善否相非。誕信相譏而天下衰矣！（〈在宥〉，頁 373）

於《莊子》一書中不時提到儒、墨相非的情形，這種各自具有立場的爭執只會使得天下對於價值標準更加的混亂，所以〈天下〉篇中認為要超越儒、墨學說彼此爭辯的相對價值，因儒、墨相爭會產生如下的缺點：

> 以此教人，恐不愛人；以此自行，固不愛己。未敗墨子道，雖然，歌而非歌，哭而非哭，樂而非樂，是果類乎？其生也勤，其死也薄，其道大觳；使人憂，使人悲，其行難為也，恐其不可以為聖人之道，反天下之心，天下不堪。墨子雖獨能任，奈天下何！離於天下，其去王也遠矣。（〈天下〉，頁 1074～1075）

墨家主張博愛、共榮、刻苦生活，厚以待人，不作樂，要薄葬，反對戰爭。〈天下〉篇認為，這種主張不符合人性，違反天下人的意願，實行起來很困難。既然背離天下人的意願，就是背離王道。〔註9〕儒家的孟子與荀子同樣批評墨子：

> 楊氏為我，是無君也；墨氏兼愛是無父也，無父無君是禽獸也。（《孟子·滕文公下》）〔註10〕

> 墨子蔽於用而不知文。（《荀子·解蔽》，頁 478）

> 墨者之葬也，冬日冬服，夏日夏服，桐棺三寸，服喪三月，世主以為儉而禮之。儒者破家而葬，服喪三年，大毀扶杖，世主以為孝而禮之。夫是墨子之儉，將非孔子之侈也；是孔子之孝，將非墨子之戾也。今孝戾、侈儉俱在儒、墨，而上兼禮之。（《韓非子·顯學》）〔註11〕

從以上文獻都可以看到先秦其他諸子對於墨家評價圍繞著其價值核心的「兼愛」、「節葬」、「節用」等功利觀點出發。〈天下〉篇雖然以墨家乃「道術」之一隅，雖發揚古之道術「節儉」與「備世」的價值，然「離於天下，其去王也遠矣。」《莊子》雖然肯定墨子學派的動機，但評價其於「恐其不可以為聖

〔註 9〕　詳參錢基博著：《讀莊子天下篇疏記》，頁 42～63。

〔註10〕　〔宋〕朱熹注：《四書章句集注》，頁 273。

〔註11〕　〔先秦〕韓非著，陳奇猷集釋：《韓非子集釋（下）》（台北：世界書局，1981年 3 月三版），頁 1080。

人之道，天下之心，天下不堪。」換言之，墨子因爲離開「道術」的標準是比較遠的，故〈天下〉篇僅稱許爲才士。

二、宋銒、尹文

《莊子·天下》評價道家此派〔註12〕學術之說如下：

> 不累於俗，不飾於物，不苟於人，不忮於眾，願天下之安寧以活民命，人我之養畢足而止，以此白心，古之道術有在於是者。（〈天下〉，頁1082）

《莊子》指出宋銒、尹文的學說能夠客觀認識萬物之理而不爲物所役，不被世俗所牽累，不矯飾於外物，不違背眾情，希望天下安寧以保全人民的性命，自身僅要滿足人我的奉養即可。然而此派學說具有其缺點爲「以爲無益於天下者，明之不如己也，以禁攻寢兵爲外，以情欲寡淺爲內，其小大精粗，其行適至是而止。」《荀子·解蔽》提到「宋子蔽於欲而不知得」（頁478）、《荀子·正論》亦有提宋銒到思想特徵爲「明見辱之不辱，使人不鬥。人皆以爲見辱，故鬥也。知見辱爲不辱，則不鬥矣！」（頁408）宋銒（《孟子·告子下》〔註13〕作宋牼）、尹文（齊人，與宋牼同遊稷下，說齊湣王），這一派主張天下萬物平等，要求天下人容忍，不要互動干戈。他們遊說諸侯、教育百姓，息兵止戰，但是天下人並不接受，他們依然不停的在努力進行和平運動，這是對於人類主體性的確定。〔註14〕〈天下〉篇於此也敘述了此派的傳承弟子，這是屬於學術發展的討論，並確立了學派內的傳承關係。

〈天下〉篇認爲其學術價值「以爲無益於天下者。」是離「道術」較爲遠的學派，僅稱許爲救世之士。

三、彭蒙、田駢、愼到

《莊子·天下》評價道家此派學術之說如下：

> 公而不當，易而無私，決然無主，趣物而不兩，不顧於慮，不謀於知，於物無擇，與之俱往，古之道術有在於是者。（〈天下〉，頁1086）

〔註12〕 張成秋將其判爲形名而兼小說家，見氏著：《莊子篇目考》，頁164。然而根據文本認爲該篇以「體證道術」的程度爲學術價值的論述觀點，認爲其所指的學派思想應爲黃老道家。如汪培便認爲此段爲對「稷下黃老派」的評價。見氏著：《〈莊子·天下〉篇研究》，頁17。

〔註13〕 〔宋〕朱熹注：《四書章句集注》，頁340。

〔註14〕 池田知久著，黃華珍譯：《《莊子》——「道」的思想及其演變》，頁124～125。

所謂「趣物而不兩」便是指與世推移不生別異，下句「於物無擇」便是與之俱往，具有「齊是非」、「齊萬物」的特點，其齊物的根據在於「萬物皆有所可，有所不可」，即根據一客觀的標準為最高價值，〈天下〉篇認為該派於「道術」上的缺點為「其所謂道非道，而所言之韙不免於非。」明確指出彭蒙、田駢、慎到所提的「道」並不是莊子認同的「道術」，所說的「是」不免於「非」，也就是於「道術」標準下，仍屬於是非的一家之見而已。

彭蒙（齊國隱士）、田駢（道家田子，稷下學士）、慎到（法家、稷下學士），都喜歡公正而不結黨營私，視萬物平等而沒有預存偏見。慎到主張「知不知，將薄知而後鄰傷之者也」即指去除自我，隨物隨緣，不用策略，動靜合宜而無過，也沒有毀譽。因此，豪傑之士譏笑慎到說的「不是活人能行的」。而〈天下〉篇認為無心而安於自然的思想於此有所關涉。〔註15〕這便是「為我」的思想，特別注重「我」全生免禍的方式，〔註16〕這派學術在於擺脫既成價值觀。〔註17〕當中關於田駢的「道術」思想可見於《呂氏春秋‧執一》：

> 田駢以道術說齊。齊王應之曰：「寡人所有者齊國也，願聞齊國之政。」田駢對曰：「臣之言，無政而可以得政。譬之若林木，無材而可以得材。願王之自取齊國之政也。駢猶淺言之也。博言之，豈獨齊國之政哉？變化應來而皆有章，因性任物而莫不宜當，彭祖以壽，三代以昌，五帝以昭，神農以鴻。」〔註18〕

可見田駢一派的思想在先秦晚期的判斷中仍偏向於發展道家中屬於「因性任物」應物方法，但太過於重視從事物的功能性出發的「分」的觀點，追求的是客觀上藉由屬性的分別而歸納而達至的「齊」，是從「物」出發的齊，並且落實於治道之中，慎子的「道術」即是對於制度的度量，故荀子論慎子「尚法而無法」（〈非十二子〉，頁96）、「蔽於法而不知賢」（〈解蔽〉，頁498）「慎子有見於後，無見於先」（〈天論〉，頁381）。荀子從人文價值的角度予以批判，認為慎到太注重事物已經成形後的狀態與性質的分判而立法，沒有注意到事物之所以然的根源，法的制訂仍需要依據賢人的制分與解蔽，指出其學說的

〔註15〕 同上註，頁64～87。
〔註16〕 馮友蘭著：《中國哲學史新編（第一冊）》，頁267。
〔註17〕 池田知久著，黃華珍譯：《《莊子》──「道」的思想及其演變》，頁130。
〔註18〕 〔先秦〕呂不韋撰，許維遹集釋：《呂氏春秋集釋（中冊）‧審分覽卷十七》，頁33。

侷限性在於無法任用眞正的賢人，無法承繼眞正治道中的禮義價值。

〈天下〉篇從「道」的角度觀察萬物因任自然之齊，從而泯除了對「物」有是非的成見與觀念。所以〈天下〉篇認爲其「不知道」，於「道術」的標準下「概乎皆嘗有聞者也。」僅是一曲之士而已。

四、關尹、老聃

《莊子・天下》評價道家此派〔註19〕學術之說如下：

> 以本爲精，以物爲粗，以有積爲不足，澹然獨與神明居，古之道術
> 有在於是者。（〈天下〉，頁 1039）

並認爲其於「道術」的體會中是眞正具有「全」的標準，具有更接近於「道」的淵源性之價值所在，〔註20〕讚美爲「關尹、老聃乎！古之博大眞人哉！」道家關尹、老聃（老子）喜歡根本之道，主張「建之以常無有，〔註21〕主之以太一，以濡弱謙下爲表，以空虛不毀萬物爲實」（〈天下〉，頁 1093），認爲宇宙原始存在本原，即太一，人要取法自然的運行以謙下守柔爲懷，處於虛極靜篤的狀態，便能觀察到萬物的本原。在處世上老子認爲，人皆求福，他則求無禍；人皆爭先，他獨居後，人皆求實，他獨守虛空；無爲，是他的理想。〔註22〕荀子同樣觀察到老子貴「詘」（屈）的一面，故評價老子「有見於詘，無見於信」（〈天論〉，頁 381）「屈」是指老子思想中柔弱卑下居後不爭的主張，而「伸」則是只人們日常生活之間，剛健自強不息的一面，如此則會失去人生價值衡量的準則。〔註23〕老子與關尹的學說特點於《呂氏春秋・不二》亦可見到：

> 老子貴柔，關尹貴清。〔註24〕

〔註19〕後世屬道家。見氏著：《莊子篇目考》，頁 164。

〔註20〕王叔岷分析，莊子認爲古代早有一種理論影響道家之思想。見氏著：《先秦道法思想講稿》（台北：中央研究院中國文哲研究所，1992 年 5 月初版），頁 17。

〔註21〕根據裘錫圭的考據，「常無有」當爲「恆無有」，因先秦古書中作定語、狀語的「常」字，原來大多作「恆」，漢代人爲避文帝諱才改爲「常」，而「恆」、「亙」、「亟」在戰國道家文獻中常通用，指宇宙形成前的原始狀態，存在無形而的混而爲一的宇宙本原。裘錫圭：〈說「建之以常無有」〉，《復旦學報》（社會科學版），2009 年第一期，頁 2。

〔註22〕同上註，頁 74～87。

〔註23〕胡楚生：〈試析荀子對於老莊思想的批評〉，《老莊研究》（台北：臺灣學生書局，1992 年 10 月初版），頁 297～298。

〔註24〕〔先秦〕呂不韋撰，許維遹集釋：《呂氏春秋集釋（下冊）・卷十七・不二》（台

〈天下〉篇認爲該學派於「道術」標準境界非常高，讚之爲「古之博大眞人哉！」

五、莊周

《莊子‧天下》評價莊子學術之說如下：

> 芴漠無形，變化無常，死與生與，天地並與，神明往與！芒乎何之，忽乎何適，萬物畢羅，莫足以歸，古之道術有在於是者。（〈天下〉，頁 1098～1099）

〈天下〉篇在體道的境界上「雖然，其應於化而解於物也，其理不竭，其來不蛻，芒乎昧乎，未之盡者」認爲其學術爲順應自然的變化，解除物累。因爲天下混濁，不能再以嚴肅的理論來說明分析，所以〈天下〉篇使用「借外論之」的寓言來寄托大道理。

莊子在「道術」標準下，其境界是不拘泥是非、不傲視萬物，獨自與天地精神獨往來，因爲不拘泥於萬物，所以能夠跟天地的精神往來，並且不離於世俗，又不被世俗所污染。雖然道之根本，宏大深闊，他的書卻奇特婉轉，言詞變化多端，充實無止境。所以〈天下〉篇認爲莊子於「道術」的內涵仍不能完整表述，然而「其於本也，弘大而辟，深閎而肆，其於宗也，可謂稠適而上遂矣！」一句就是指「審乎無假而不與物遷，命物之化而守其宗也」（〈德充符〉，頁 189）指任物而自遷，不爲物所變遷，不離於「道術」之極，能夠守其宗本。然而這種強調「因任」與「物化」的觀點，荀子評價爲「蔽於天而不知人」（〈解蔽〉，頁 478），即認爲莊子太過於重視自然之道而忽視了人文的作爲。

觀察「道術」的淵源與渾全的價值，正是在《莊子》一書於「其理不竭」處以「三言」作爲表述方法後，才讓描述「道術」成爲可能，但認爲對「道術」的整全表述仍「未之盡也」是一種對「道」的無法窮盡的讚嘆與惋惜的自謙之詞〔註25〕。

北：世界書局，1988 年 4 月四版），頁 30～32。

〔註25〕 汪培認爲莊子於此處爲一謙抑的態度，因爲這種概括沒有包攬莊周學術的全部。見氏著：《莊子‧天下》篇研究》，頁 25。然而根據「體證道術」的觀點，所謂未之盡也，應是指以「三言」表述的道術仍無法窮盡「道之世界」的無限價值的內涵。

六、桓團、公孫龍辯者之徒及惠施

《莊子‧天下》評價名家一派〔註26〕的學術之說如下：

 飾人之心，易人之意，能勝人之口，不能服人之心，辯者之囿也。

 （〈天下〉，頁 1102）

〈天下〉篇特別針對惠施給予批評，認爲「惠施不能以此自寧，散於萬物而不厭，卒以善辯爲名。惜乎！惠施之才，駘蕩而不得，逐萬物而不反，是窮響以聲，形與影競走也。悲夫！」談到惠施，學術廣博，著書五車，但〈天下〉篇卻認爲，惠施所講的道理繁雜，言詞不當，喜歡狡辯，所以說出「卵有毛、雞三足、犬可以爲羊、馬有卵、丁子（癩蝦蟆）有尾，火不熱」等等奇說，認爲一切物名皆由人心意有所指，若無人心意所指，則物名不起，名言的指涉跟指涉的對象沒有必然關係，是一觀念的遊戲，故名家對名實關係十分重視。

桓團（趙國辯士）、公孫龍（趙國人），都是詭辯之士，後人稱之爲「名家」。〈天下〉篇認爲，他們能夠勝人口舌，卻不能讓人心服。〔註27〕故荀子同樣評價爲「蔽於辭而不知實」（〈解蔽〉，頁 478）這派學問在於新「知」與新邏輯思想的提倡。〔註28〕因爲名學以普遍命題構成知識，從語言構成的命題討論知識的有效，討論「觀念」的形成條件，對於表述知識是具有方法上的意義。

〈大下〉篇認爲名家學術對於「道術」的標準爲「夫充一尚可，曰愈貴道，幾矣！」因爲從語言分析引申概念，容易與人類原本心情與知見產生違逆的現象。〔註29〕

從上述六家學派從學說與活動討論到弟子傳承，從評價中可以觀察到〈天下〉篇重視諸家對於「物」的看法，從諸子學說中區辨自己所談的「物」論是如何與諸家不同，並以「道術」的角度觀察諸子處理對待「物」的關係時的層次是否同於「道術」的淵源性與渾全性，今歸納諸子學派與物論觀點及評價，表十爲莊子的諸子物論評價表：

〔註26〕張成秋判爲道家之別派。見氏著：《莊子篇目考》，頁 164。
〔註27〕同上註，頁 98～150。
〔註28〕池田知久著，黃華珍譯：《《莊子》──「道」的思想及其演變》，頁 134。
〔註29〕錢穆著：《中國思想史》（台北：臺灣學生書局，1980 年 9 月），頁 51。

學　派	物　論	評　價
墨家	不靡於萬物。（節用於物）	離於天下，其去王也遠矣。才士也夫。
宋鈃、尹文一派（道家）	接萬物以別宥爲始、不以身假物。（客觀認識萬物之理而不爲物所役，即物之理）	以爲無益於天下者。圖傲乎救世之士哉！
彭蒙、田駢、慎到一派（道家）	趣物而不兩、於物無擇、泠汰萬物，以爲道裡。（完全放任於對物產生的感受，而使自我消失，即物之情）	彭蒙、田駢、慎到不知道。雖然，概乎皆嘗有聞者也。
關尹、老子一派（道家）	以本爲精，以物爲租、以空虛不毀萬物爲實。（與物保持一種自然的關係，不破壞萬物的存在，也不窮究物之情與物之理）	常寬容於物，不削於人，可謂至極。關尹、老聃乎！古之博大眞人哉！
莊周一派（道家）	萬物畢羅，莫足以歸、獨與天地精神往來，不敖倪於萬物。（與物俱化）	雖然，其應於化而解於物也，其理不竭，其來不蛻，芒乎昧乎，未之盡者。
惠施、公孫龍一派（名家）	歷物十事。（研究物的名實關係的客觀方法）	夫充一尙可，曰愈貴道，幾矣！

第二節　「人文價值」型態的學術觀

　　荀子在〈天論〉篇中的提出「萬物爲道一偏，一物爲萬物一偏。愚者爲一物一偏，而自以爲知道，無知也。」（〈天論〉，頁 381）從《莊子》一書對「道」與「物」間「有見」與「無見」的辯證思維，荀子將其發揮到對諸子學說「有見」與「無見」的部分，便是荀子吸收《莊子》一書的學術方法對各家提出優劣互見的評判標準，荀子同樣對於〈天下〉篇提到的幾位重要的「諸子」進行批評：

> 慎子有見於後，無見於先。老子有見於詘，無見於信。墨子有見於齊，無見於畸。宋子有見於少，無見於多。有後而無先，則群眾無門。有詘而無信，則貴賤不分。有齊而無畸，則政令不施，有少而無多，則群眾不化。（〈天論〉，頁 381）

荀子於〈天論〉篇中雖然有優劣互見的學術標準，但仍沒有「學派」的觀念，然而已經具有「正」、「反」互呈的思辨性，藉由批判諸子學問壯大自己學術的價值。然而在〈非十二子〉篇中出現了「方術」的學派觀念，荀子更確立了自己的學術立場與學術價值，本篇的立論的標準〔註30〕便在於「六說

〔註30〕根據鮑國順分析事之當在辯與不辯間的分判的標準爲有益於現實人生，所以

者立息，十二子者遷化，則聖人之得埶者，舜、禹是也。」便是以「人文價值」〔註31〕爲依歸去評判「方術」（學派）所具有的價值，同樣提出「內聖外王」的思維，如於〈解蔽〉：

> 聖也者，盡倫者也；王也者，盡制者也。兩盡者，足以爲天下極矣！
>
> （頁498）

荀了認爲能夠完善人倫的職分及制度的規劃，就能成爲天下的聖王，這明顯偏向於人文成就的治世思維，但荀子區分出「方術」屬於文明的功能價值與「禮義」作爲人性的價值依據，並且強調人性在社會中的發展，這種由人性問題所產生的普世性的價值，是影響文明發展的重要因素，這是站在現實的反省上求其根源，所以其立說的目的爲：

> 若夫總方略，齊言行，壹統類，而群天下之英傑，而告之以大古，教之以至順，奧窔之間，簟席之上，斂然聖王之文章具焉，佛然平世之俗起焉，六說者不能入也，十二子者不能親也。無置錐之地，而王公不能與之爭名，在一大夫之位，則一君不能獨畜，一國不能獨容，成名況乎諸侯，莫不願以爲臣，是聖人之不得埶者也，仲尼子弓是也。一天下，財萬物，長養人民，兼利天下，通達之屬莫不從服，六說者立息，十二子者遷化，則聖人之得埶者，舜禹是也。
>
> （〈非十二子〉，頁100）

荀子重點在於批判不知是非治亂之所存的人與不足於合文通治的思想，其學術觀正是以禮義作爲評價之宗旨，強調根據「職分」而訂定各種類別的標準，從而使天下的人材都能發揮自己的能力而施行教化，從而能夠建立一個人文的社會，而讓萬物與人民都能適宜的發展，以此批判十二子的六說。

　　荀子於〈非十二子〉篇中，便是以「解蔽」的原則，針對當時學術的弊病一一批評，並深入批判儒家學派內部的價值，提出儒家的宗旨在於「禮義」，荀子從而對當時儒家後學的流弊有所針砭，現將荀子評價諸子的標準及內容表列如下，表十一爲荀子諸子批判表：（〈非十二子〉，頁94～110）

荀子於〈非十二子〉所非的對象，便在於其無益於民生日用。並且也各有所蔽，未能見道之全。參見鮑國順著：《荀子學說析論》，頁29。

〔註31〕此人文價值即牟宗三分析之「禮義之統」，便是荀子誠樸篤實之心表現爲明辨之理智，故重禮義，亦深識於禮義，荀子隆禮義而殺詩書便是向廣處轉，向外面推，所重在「外王」。詳見牟宗三著：《名家與荀子》，頁195～213。

學者代表	荀子批判
它囂、魏牟	其蔽在於「縱情性，安恣睢，禽獸行，不足以合文通治。」（性情傲慢，縱恣暴厲而不知禮義，所以不足於合於禮文，通於治道。即不懂明分使群之「分」所含的要義，故不能合群眾）〔註32〕
陳仲、史鰌	其蔽在於「忍情性，綦谿利跂，苟以分異人爲高，不足以合大眾，明大分。」（強抑情性，不能導之以禮義）
墨翟、宋鈃	其蔽在於「不知壹天下建國家之權稱，上功用，大儉約，而僈差等，曾不足以容辨異，縣君臣。」（不知道根據禮義齊一人心建設國家的制度）〔註33〕
慎到、田駢	其蔽在於「尙法而無法，下脩而好作，上則取聽於上，下則取從於俗，終日言成文典，反紃察之，則倜然無所歸宿，不可以經國定分。」（崇尚法治而不以禮爲根據，禮者爲法之大分，不遵循先王禮義的道理，好於制作新法，雖上下聽從，因爲遠於百王的禮義之道，所以不能用以經世治國，別異定分）
惠施、鄧析	其蔽在於「不法先王，不是禮義，而好治怪說，玩琦辭，甚察而不惠，辯而無用，多事而寡功，不可以爲治綱紀。」（不效法先王之道，不以禮義爲是，巧辯而不切實用，不可以作爲治國的標準）
子思、孟軻〔註34〕	進入儒家內部的批判時，荀子更細緻的分析其蔽：「略法先王而不知其統，猶然而猶材劇志大，聞見雜博。案往舊造說，謂之五行，甚僻違而無類，幽隱而無說，閉約而無解。案飾其辭，而祇敬之，曰：此眞先君子之言也。子思唱之，孟軻和之。世俗之溝猶瞀儒、嚾嚾然不知其所非也，遂受而傳之，以爲仲尼子弓爲茲厚於後世：是則子思孟軻之罪也。」（雖然具有同樣的價值立場，能夠知道要法先王之禮義，但疏略而不知禮義的統類。這即是指出孟子沒有區分本性與後天教化的差別）
子張氏	其蔽爲「弟陀其冠，神禫其辭，禹行而舜趨。」（言儒家這一派，頭戴美冠，言語淡薄，刻意模仿禹舜的行爲）
子夏氏	其蔽爲「正其衣冠，齊其顏色，嗛然而終日不言。」（言儒家這一派衣冠整齊，容顏莊肅，口中如有所銜，終日不發一語。但宗聖人之威儀而已）
子游氏	其蔽爲「偷儒憚事，無廉恥而耆飲食，必曰君子固不用力。」（言儒家這一派，懶惰儒弱而怕勞作，不知廉恥但嗜酒食，還自嘲君子是不用勞力）
荀子的評價標準	
對於諸子的評價	以上五家荀子都認爲「持之有故，其言之成理」然而會導致「欺惑愚眾」的不良效果。（持論有所本，論述十分具有條理，但正因如此所以沒有判斷的無知眾人會容易遭到欺騙與迷惑）

〔註32〕 簡淑慧：《從分字論荀子思想之基礎》，頁22。

〔註33〕 梁啓超分析墨翟、宋鈃是無政府主義，故荀子非之。見氏著：《荀子評諸子語彙釋》，《無求備齋荀子集成》第三十九冊，頁27。

〔註34〕 歷史上有從《韓詩外傳》引錄荀子評判上述諸子的條目，而不見思、孟軻條。根據鄭良樹的考辨，此是爲儒家諱而刪省。見氏著：〈《荀子・非十二子》「子思、孟軻」條非附益辨〉，《故宮學術季刊》第十四卷第三期（1997年），頁65～74。

儒家學派總評	認爲眞正儒家的標準爲：「彼君子則不然：佚而不惰，勞而不僈，宗原應變，曲得其宜，如是然後聖人也。」（君子的標準爲安逸而不懶惰，勞苦而不馳慢。以禮義爲宗旨，能夠應變通達，如此則可以成爲聖人）
評價標準	荀子批判的目標：「若夫總方略，齊言行，壹統類，而群天下之英傑，而告之以大古，教之以至順。」（以禮義爲綱領統一「方術」的邪說去建構「道術」，即治國之道。會合天下的賢才，以大道（禮義）作爲學說，教導這個至理）

　　考索〈非十二子〉對當時學術的批判，荀子所提的都是當時產生重要影響的諸子學派，並且在同質性的儒家學派中批判了其價值的弊端，這是觀察「方術」的價值判斷，明顯與《莊子》一書站在「道術」起源的方式去觀察各「方術」有所偏的理論建構的學術觀不同。然而荀子關於「學派」觀念的整構，即以價值去鑑別學派內部與諸子相關思想的所見與所蔽的方式是同於《莊子‧天下》篇的觀念，該篇是對於諸子學說及道家學派內部學說對於「體證道術」的層次給予評價，不同於荀子是以「禮義」〔註35〕的核心對諸子及儒家學派內部的學說作了批評，這便是荀子繼承《莊子》一書的「學派」觀點，並且對儒家「學派」產生自覺的批判意識，針對儒家流派之弊提出價值批判，以儒家「禮義」的標準與價值去評判儒家學派內部產生的弊端。

　　荀子的「學術價值」以〈解蔽〉篇中舉出「孔子」爲儒家學術爲價值核心典範，並對當時客卿諸子的學術給予評判：

　　　　昔賓孟之蔽者，亂家是也。墨子蔽於用而不知文，宋子蔽於欲而不知得，慎子蔽於法而不知賢，申子蔽於埶而不知知，惠子蔽於辭而不知實，莊子蔽於天而不知人。故由用謂之道，盡利矣；由俗謂之道，盡嗛矣；由法謂之道，盡數矣；由埶謂之道，盡便矣；由辭謂之道，盡論矣；由天謂之道，盡因矣。此數具者，皆道之一隅也。夫道者體常而盡變，一隅不足以舉之。（〈解蔽〉，頁478）

荀子認爲在「禮義」的價值標準下，「孔子」於諸家學術中成就最高，這是荀子建構的價值的標準，展示在孔子身上的典範即是「德」，〔註36〕在教化中所

〔註35〕龍宇純據〈禮論〉篇言「禮」的功用「天地以合，日月以明，四時以序，星辰以行，江河以流，萬物以昌，好惡以節，喜怒以當，以爲下則順，以爲上則明，萬變不亂，貳之則喪也」（頁427）推論出荀子是以「禮」作爲哲學本體的「禮的宇宙觀」，認爲「宇中一切不離乎禮」才是荀子的基本觀點。見氏著：《荀子論集》，頁71。
〔註36〕子曰：「志於道，據於德，依於仁，游於藝。」〔宋〕朱熹注：《四書章句集注》，

具有的展示性，即荀子強調的成為「君子」的可能：

> 孔子仁知且不蔽，故學亂術足以為先王者也。一家得周道，舉而用
> 之，不蔽於成積也。故德與周公齊，名與三王並，此不蔽之福也。(〈解
> 蔽〉，頁 478)

《莊子》一書標舉「老子」為古之博大真人，而「真人」一詞為《莊子》一書思想中體道的人格典範，故莊子以老子作為體會道術的標準。荀子標舉「孔子」作為不蔽的高尚人格，即能運用「心術」的「解蔽」方法「兼知」、「兼容」眾理創制「禮義」，故荀子於〈正名〉言「心也者，道之工宰也」(頁 521)，即認為心具有治理眾事與分辨眾理的功能。由此知荀子所謂的「聖人」並非道家「體道」的高尚人格，而是儒家「知道」的高尚人格，這高尚人格藉由方法所兼知的「道」如荀子於〈儒效〉篇所言：

> 聖人也者，道之管也。天下之道管是矣，百王之道一是矣。故《詩》、
> 《書》、《禮》、《樂》之道歸是矣。《詩》言是其志也，《書》言是其
> 事也，《禮》是其行也，《樂》言是其和也，《春秋》言是其微也。(〈儒
> 效〉，頁 143)

認為要將這些經典學問「取是而通之也，天下之道畢是矣。」(〈儒效〉，頁 143)就是要建立普遍的人文價值，也就是「義理」的核心，這樣的「禮義」同時也是人心普遍價值的依歸，可以讓群體的人能夠依據人倫來行事，君子由「知」禮義之別作為行道的依據，所以荀子於〈非十二子〉篇針對學術的弊端提出「士君子」的標準：

> 是以不誘於譽，不恐於誹，率道而行，端然正己，不為物傾側，夫
> 是之謂誠君子。(〈非十二子〉，頁 107)

這即是荀子要人積學而成，不為虛譽毀謗等外物影響，作為端嚴正己的人，能遵循大道而行事，操持堅定，不為外物所移易，成為真誠的士君子。〔註37〕這樣的人能夠幫助國君建立一個具有禮義價值的文明世界，因為社會的運作

頁 94。孔子的「道」是建立價值的觀念；「德」即是在教化中具有的展示性；「仁」即人性建構的價值；「藝」即是表現出來的才能。

〔註37〕 這便是荀子認為始乎為士，終乎為聖人的修養功夫。在人格分級上荀子常採用「俗人」、「眾人」、「小人」、「鄙夫」、「俗儒」、「散儒」、「陋儒」、「賤儒」等詞，來代表那些不曾受教或教未得正的人物。而在其價值體系中以好法而行的「士」、篤志而體的「君子」、齊明而不竭的「聖人」為標準。詳見鮑國順著：《荀子學說析論》，頁 42。

方式正是隨著各種具有專才的人藉由有效的思維方式而改變的,所以荀子認為「君子」要能夠看出諸子「方術」間的有效性及弊端才能應對時代議題,從而分析出更正確的治道所需要的方法,繼而針對時的當代實情制定合於人情的禮義。然而當代的諸子「方術」標準都是相對性的,當荀子思考禮義的價值根源時仍是回到人性問題上,認為普遍人的欲容易流於惡而會對群體社會產生危害,所以荀子提出禮義作為價值根源來導正社會,這種從人性問題思索的義理性價值,就是區別於「方術」價值的普世價值,也就是荀子「道術」的內涵。

第三節 《莊子》與《荀子》學術觀點的差異

從春秋末到戰國初因為士階層的轉化,本來具有習武從軍的「士」轉變為文武合一的貴族。孔子影響民間教育的興起,產生新興階層的「士」,逐漸成為一批自由的知識份子,產生了子學的學術成員。正因為子學的興起,所以開始建構關於學術觀的體系,對於自然、社會、知識依各自的立場和價值展開討論,從而建立了許多的概念範疇,這即是「學術觀」的建立,學術觀建立是需要有條件的,即是需要有共同議題,並且有自己學派的價值立場,由這個立場對於其他學派的共同議題提出批評,並進一步思考「學術」與「思想」的起源與發展關係。

從子學興起後,因為彼此針對共同議題在價值立場有許多不同而產生學派間的爭論,如儒、墨相爭到墨、楊的分庭抗禮,在爭論過程中建構了學說間思想的不同特點,逐漸形成了學術評價,戰國型態的學術評價大多發展成概括主旨式的學術評價,且以學派內的重要學者作為學術的代稱,如:

> 墨子貴兼,孔子貴公,皇子貴衷,田子貴均,列子貴虛,料子貴別囿。〔註38〕(《尸子・廣澤》)

> 聽群眾人議以治國,國危無日矣。何以知其然也?老耽貴柔,孔子貴仁,墨翟貴廉,關尹貴清,子列子貴虛,陳駢貴齊,陽生貴己,孫臏貴勢,王廖貴先,兒良貴後。〔註39〕(《呂氏春秋・不二》)

〔註38〕 〔先秦〕尸子,水渭松注譯:《新譯尸子讀本》(台北:三民書局,1997 年 1月初版),頁 111。

〔註39〕 〔先秦〕呂不韋撰,許維遹集釋:《呂氏春秋集釋(下冊)・卷十七・不二》,頁 30～32。

經由《莊子・天下》一文以「道術」與「方術」的觀點建構後，改變並影響了後來討論「學術」的看法，加入了一種歷史敘述及思辨性，並且提出了議題與價值。《莊子》一書站在「道」的普遍與淵源性下，學術建立在「證道」的基礎上，從而看出諸子學問間具有很多弊端，都是對於「道」的一察之言，這即是一種站在「起源」與「發展」觀點思考學術史的看法。而「道術」分裂的原因，根據〈天下〉說法在於「天下大亂」、「賢聖不明」、「道德不一」，各家學術憑著各自的立場與價值談論自己的學說，導致對於聖賢與道德價值標準的混亂，這就形成了分裂的諸子學問。《莊子》一書的學術觀可以歸納出兩個實踐方向層次的「動態」建構，如圖一：

　　「道術」（全）（體：內聖）→「心術」（用：外王）
　　↓↑（↓有所聞或知於道之一曲／↑體證古之「道術」的學術價值）
　　「方術」（諸子及道家學派之學說為道之一曲）

「道術」與「心術」便是「內聖外王」的兩個層面的實踐方向，一為通達於「道」的修證方法，一為處世應物的治道，而諸子學派及道家學派的學說作為「方術」內涵，其方法的價值在沒有體「道」之下都是有限性的。在學術性質相近的「道家學派」間，對於「體道」的層次也有高低差別，這就是「道術」在修證的過程中所具有各自的體證差別。

　　《莊子》一書「三術」功能意涵歸納為表十二莊子「三術」學術功能表：

概　念	道　術	方　術	心　術
學術功能	體證道家價值	諸子有限性的價值	落實價值的方法
指涉層面	內聖修養	諸子學術觀	外王治世

　　荀子對於社會作了功能性與結構性的分析，從而提出了「職分」的觀念，站在「方術」的相對價值建立文明的可能，並且回到了普遍價值問題的根源，從人性問題及人所在的文化環境去思考，提出了「化性起偽」的觀念，不同於孟子認為人之本性有善無惡（天），善惡皆起於後人的放失善性所致（人），孟子要人以四端之心復歸於人的善性之本，這是強調「體證」的內聖探求之法。荀子提出性本有善惡的可能（天），為「學」以禮義之方才能達致有善無惡的人之本質（人），強調人為的學習過程，這即是荀子對普遍價值的義理性探索所提出的解答。並且以「職分」的觀點將人的道德性放到倫理關係中去建構「禮義」的價值。同樣以禮義作為「道術」的價值建立師法的

觀念，爲了改變人性的教養行爲所建立的規範。故荀子觀察天地萬物與人的差別：

> 萬物同宇而異體，無宜而有用爲人，數也。人倫並處，同求而異道，
> 同欲而異知，生也。（〈富國〉，頁195）

從萬物同處在一個宇宙而彼此相異的觀點去看，人是具有最能夠發展文明的生物。所以荀子觀察世道的技藝，認爲百技所成，所以養一人也。而能不能兼技，人不能兼官，認爲功能各有其價值。並認爲人的不安寧在於離居不相待則窮，群而無分則爭。窮會導致害處，爭則會造成災禍也，要能夠救患除禍，則莫若明分使群。這即是強調「職分」的「方術」觀點。這即是「方術」觀念從不同學說的意涵，經由「兼知」發展爲察覺學說價值與方法的功能意涵。

荀子的弟子韓非於〈顯學〉篇[註40]只提儒、墨，代表當時主要的學派是這兩家，並且討論了儒、墨學術分立的情況，可見韓非的學術觀點繼承了荀子「方術」的觀點，同樣討論了兩家學派內部的弊端，認爲這兩家學術因爲儒、墨各自分立的學生「言無定術，行無常議」，儒墨兩家同樣標舉學術淵源的古老，並都認爲是傳承自堯舜先王的偉大學術，但弟子間主張產生差異，又因時代久遠加上儒墨學派內部討論的分歧，更是無法被清楚眞實的說明所謂的眞實價值何在，這無疑是進一步發展了荀子針對諸子學術評價其蔽的「方術」觀念。荀子的學術觀的建構可以「心術」（能知）→「方術」（所知）→「道術」（價值）的層次建構義理核心，荀子「三術」功能意涵歸納爲下，表十三荀子「三術」學術功能表：

概　念	心　術	方　術	道　術
學術功能	學術方法	價值判斷	儒家學術價值
方法內涵	解蔽	諸子學派之學術批判	禮義價值的建立

第四節　《荀子》對《莊子》學術立場的繼承與發展

一、《莊子》以「道術」觀點超越諸子的有限性價值

《莊子》一書內篇重在體證「道術」的內聖一面，而外雜篇重在發揮「心

[註40]　〔先秦〕韓非著，陳奇猷集釋：《韓非子集釋（下）》，頁1080。

術」，即外王的一面，然而不論向上「體證」的「道術」觀念中，在「逍遙」
境界中由全觀曲的認知境界觀，或者向下以「齊物」思維落實於「物」間的
「心術」觀點，都是可以從內篇思想中發現在觀念上有繼承發揮的部分，面
對著諸子「方術」針對時代問題的學說，如果僅站在成就內聖一面的「道術」
去實踐，則無法針對諸子面對治世的問題予以合理與正確的解決，因為如果
「道術」之全的假設並不能解答諸子面對問題及由此產生的侷限性，便無法
以超越的角度觀察諸子的「方術」，更沒有對話的可能，然而觀察《莊子》一
書由內篇中開展出「逍遙」與「齊物」兩個發展型態的方向，一為針對體道
問題，一為針對實踐道的問題，在外雜篇的思想中都有所繼承發揮，特別於
「道」與「物」間的關係，在「心術」的角度指出如何要在人間世實踐「道
術」發揮治道的精神，而超越諸子有見於一偏的「方術」觀點，從超越的角
度，從主觀境界修養的「逍遙」到客觀實有的「齊物」思維間，匯整為完整
的「內聖外王」的「道術」：

> 有名有實，是物之居；無名無實，在物之虛。可言可意，言而愈疏。
> 未生不可忌，已死不可徂。死生非遠也，理不可睹。或之使，莫之
> 為，疑之所假。吾觀之本，其往無窮；吾求之末，其來無止。無窮
> 無止，言之無也，與物同理；或使莫為，言之本也，與物終始。道
> 不可有，有不可無。道之為名，所假而行。或使莫為，在物一曲，
> 夫胡為於大方？言而足，則終日言而盡道；言而不足，則終日言而
> 盡物。道物之極，言默不足以載；非言非默，議有所極。」(〈則陽〉，
> 頁 917)

對於萬物之起的追問而有「言」，然而所有的「言」最多只能說明「物」本身
的特性，然而真正體認「道術」的人不會跟隨著偏於「物」的言而有所偏廢
與議論，而要體會到生成萬物背後的「道」，所以「物」才有名有實，這是議
論的根源。然而無名無實的「虛」正是大道之本。人多跟著議論「物」本身
的名實而越談越遠離背後的「道」，所以要能觀於「本」，才能看到「物」本
身的無窮，求之於「末」，也就是「物論」，本身的議論就無法有休止的時候，
這樣談論本身因為捨離了「本」，所以是空談。要體證「物」本身的根源，或
者去除那些有人為造作的言談本身，才是能談到「物」的根本，這個根本本
身就是「道」。「道」不可以「有」，就是用有知去談是無法掌握的，因為「道」
本身是「無」，所以無法以「有」去指涉。「道」所具有的名稱，都是以權變

依托的「假名」去指涉的。對於談「物」都是偏於道之一曲的言論，哪裡能夠稱爲眞正的道理呢！所以對於「言」本身如果體證了「整全」的「道術」就能夠在言談中「盡道」，否則僅是偏於一曲的盡物之言，由此可見《莊子》一書在「齊物」思維發展下，針對諸子學派的言論，認爲都是「盡物」的「方術」，對於體證的人所表述出「道術」的渾全性對照之下，都是不能盡道物之極的議論而已，因爲道物之極超過言談與思維本身，而議論是具有極限的，所以〈天下〉篇以「道術」去評價僅談論「物」的「方術」之學，由此產生了評價學術的方法。

《莊子》一書渾全的「道術」觀念，逐漸在齊國稷下學術發展爲具有人文價值意涵的治道觀念，如從《管子》的文獻中可以發現「道術」的使用上不同於《莊子》一書「全」的意涵，而更偏重在「制分」，如《管子・君臣》：

> 是故道術德行，出於賢人，其從義理。兆形於民心，則民反道矣。
> 名物處違是非之分，則賞罰行矣。上下設，民生體而國都立矣。
> 〔註41〕

認爲要將古之未有分別君臣上下的職分及夫婦之相配的儀則禮法的方式建立起來，這是根據人文價值的義理而有的分別，這是賢人所要能夠知道道術德行，所以此「道術」內涵在於人文價值，建立人文的規範儀則。而能夠建立「道術」內涵價值的方法在於「心術」。《管子》一書收了許多關於戰國稷下時期的重要文獻，是作爲稷下學術中心的論文總集，是一可以代表稷下黃老觀念的總結性著作，〔註42〕並非一人一時所著，爲稷下學者的匯集作品，充滿了道法融合的氣味。〔註43〕由《管子》中可以發現「心術」〔註44〕意涵從

〔註41〕〔先秦〕管子撰，尹知章注，戴望校正：《管子校正》（台北：世界書局，1981年5月五版），頁174。
〔註42〕馮友蘭著：《中國哲學史新編第二冊》（北京：人民出版社，1984年10月），頁197～198。
〔註43〕陳麗桂著：《戰國時期的黃老思想》（台北：聯經出版社，1991年4月初版），頁113。
〔註44〕赤塚忠以〈心術上〉「原經」爲道家最古老文獻認爲《莊子・人間世》「心齋寓言」及《莊子・養生主》「庖丁解牛寓言」均是繼承了〈心術〉的系統。而《莊子・大宗師》「坐忘寓言」及「見獨寓言」《莊子・寓言》中的「大妙寓言」是根據「心齋寓言」及〈心術上〉、〈心術下〉，或至少是以其觀點爲基礎展開。赤塚忠著，佐藤將之、洪嘉琳譯：〈《莊子》中的《管子》心術系統學說〉，《哲學與文化》第三十三卷第七期（2006年7月），頁25。本文比對了

《莊子》一書落實在對待萬物的方法中轉變爲治道職分中的佈令態度，強調「恬愉無爲，去智與故」治術上的靜因之道，如《管子・心術上》：

> 物固有形，形固有名，名當謂之聖人。故必知不言無爲之事，然後知道之紀，殊形異埶，不與萬物異理，故可以爲天下始。人之可殺，以其惡死也；其可不利，以其好利也。是以君子不休乎好，不迫乎惡，恬愉無爲，去智與故。其應也，非所設也；其動也，非所取也。過在自用，罪在變化。是故有道之君，其處也若無知，其應物也若偶之，靜因之道也。心之在體，君之位也。九竅之有職，官之分也。耳目者，視聽之官也，心而無與視聽之事，則官得守其分矣。夫心有欲者，物過而目不見，聲至而耳不聞也，故曰：上離其道，下失其事。故曰：心術者，無爲而制竅者也。故曰：君無代馬走，無代鳥飛，此言不奪能，能不與下誠也。毋先物動者，搖者不定，趯者不靜，言動之不可以觀也。位者，謂其所立也，人主者立於陰，陰者靜。故曰動則失位。陰則能制陽矣，靜則能制動矣，故曰靜乃自得。〔註45〕

本文獻強調強調「心」在身體中具有君主的地位，身體的運動都由心來運作，所以象徵「君位」，而人的九竅所具有的職分，就相當於官位，指百官各有其分。將治天下的「分」談得最完整的便是《管子・七法》〔註46〕，談了「則」、「象」、「法」、「化」、「決塞」、「心術」、「計數」等治國的方法的層次及內涵，於「心術」的部分歸納如下：實也、誠也、厚也、施也、度也、恕也，謂之心術。〔註47〕便是指「心術」在其中的功能爲佈令於人，在於發佈制度中的命令，也就是發佈命令的態度需要能夠徵實、誠信、完整、廣布、精密、寬容，這就是「心術」落實於治道時所具有的處世態度，「心術」作爲治道中能夠布令的態度，荀子將整個「職分」的態度歸爲「心術」內涵，所以從《管子》到荀子間，「心術」的意涵再度擴大並由荀子所繼承發展。

許多《莊子》及《管子》間體道工夫歷程相似的寓言並找出其間的關連，然而從觀念的使用上莊子對「心術」一詞仍未視爲核心的概念，僅在「心術」的體道內涵作了許多的討論，發展到《管子》以「心術」概念成爲核心概念並成篇，應視爲更晚期的發展。

〔註45〕〔先秦〕管子撰，尹知章注，戴望校正：《管子校正》，頁219〜220。
〔註46〕〔先秦〕管子撰，尹知章注，戴望校正：《管子校正》，頁28〜29。
〔註47〕〔先秦〕管子撰，尹知章注，戴望校正：《管子校正》，頁28。

二、《荀子》以「方術」觀點批判諸子建立儒家的當代核心價值

　　觀察荀子文獻中各篇章都會各自針對一個主題或對象進行發揮，從荀子評價諸子的學術文章，可以看出從〈解蔽〉篇明確舉出莊子思想侷限在天的無為一面而沒有考慮到人的有為一面後，提出「大清明」之心的「兼知」觀點，這明顯就是《莊子》一書思想中由全觀曲認知境界的取用。並且在荀子〈天論〉中論「天」的觀點中接受了《莊子》一書的部分觀念並加以轉化，將超驗的天轉化為實存的自然之天。加上使用的詞彙上類同於《莊子》一書的部分，都可以觀察到荀子對《莊子》一書思的接受與轉化，故而荀子到〈非十二子〉篇使用了與《莊子‧天下》篇以「道術」起源之「全」觀點看各「方術」流變之「偏」的結構，荀子站在「方術」的角度對現時諸子及儒家內部展開批判，雖然取消了〈天下〉篇中流變的觀念，然而保留了學派的思考，但關注的是當代的問題，即現時階段諸子方術產生的弊端。

　　對於《莊子‧天下》篇舉「偏」以存其古之「全」的方式，荀子站在當代的角度認為要從產生弊端之處予以揭發批判，並要對儒家內部「方術」之弊端同樣要自我批判，這與《莊子‧天下》篇站在「道術」的觀點進入道家學派的的評價是具有一致性的，故從文獻的結構中可以觀察出荀子必定接受了莊子學派關於「全」與「曲」的認知觀點，並且極有可能見到道家學派批判諸子學術的說法，故而於〈非十二子〉篇中使用了「方術」的意涵進入儒家內部進行批判，這是一種建立當代儒家核心價值的思索。提出標準後的荀子，與《莊子‧天下》篇同樣提到了經典的問題，而不同於〈天下〉篇直接肯認經典的價值也是「道術」下所派生的價值，荀子直接認為「學」要從經典中入手，因為經典就是建立「禮義」的標準，如以下文獻所言：

> 學惡乎始？惡乎終？曰：其數則始乎誦經，終乎讀禮；其義則始乎為士，終乎為聖人。真積力久則入，學至乎沒而後止也。故學數有終，若其義則不可須臾舍也。為之，人也；舍之，禽獸也。故《書》者，政事之紀也；《詩》者，中聲之所止也；《禮》者，法之大分、類之綱紀也。故學至乎禮而止矣，夫是之謂道德之極。《禮》之敬文也，《樂》之中和也，《詩》、《書》之博也，《春秋》之微也，在天地之間者畢矣。（〈勸學〉，頁 10～11）

由經典中建立禮義的規範，並且守住這個規範不捨離就是「人」，捨離了禮義的人文價值就是禽獸，並對經典的內涵的禮義成分作了分析，認為不同經典

有不同的偏重標準，如政事、中聲、法之大分、類之綱紀等立身處事、陶冶善性的內容，這都是以「禮義」爲內涵的不同層面，經由這些經典的學習才能眞正達到道德的最高境界，士君子經由《禮》、《樂》、《詩》、《書》、《春秋》的學習，可以眞正成爲天地之間的博通君子。關於荀子同樣與《莊子》一書一樣提出人的標準，但不同於《莊子》一書強調超越境界的人格，荀子強調現實社會的經世標準，如〈哀公〉篇引述的孔子之言：

> 孔子曰：「人有五儀：有庸人，有士，有君子，有賢人，有大聖。」
> 哀公曰：「敢問何如斯可謂庸人矣？」孔子對曰：「所謂庸人者，口
> 不道善言，心不知邑邑；不知選賢人善士託其身焉以爲己憂；動行
> 不知所務，止立不知所定；日選擇於物，不知所貴；從物如流，不
> 知所歸；五鑿爲正，心從而壞。如此，則可謂庸人矣。」哀公曰：「善！
> 敢問何如斯可謂士矣？」孔子對曰：「所謂士者，雖不能盡道術，必
> 有率也；雖不能遍美善，必有處也。是故知不務多，務審其所知；
> 言不務多，務審其所謂；行不務多，務審其所由。故知既已知之矣，
> 言既已謂之矣，行既已由之矣，則若性命肌膚之不可易也。故富貴
> 不足以益也，卑賤不足以損也。如此，則可謂士矣。」（〈哀公〉，頁
> 664～665）

人的五種風範，但眞正的區別在於爲庸人或士，庸人即不能說明道德善良的言行及關心國家政事的人，跟著物欲流轉而沒有眞正的目標，五官爲聲色所迷惑，「五鑿」明顯是《莊子》一書渾沌鑿七竅的典故運用，同樣認爲感官的追逐會讓心漸漸趨向於惡的地步。而士雖然仍未盡「道術」，但能有所依循，雖然不能完美的行使善的德行，但能居處有分，不妄作非爲，對於「認知」雖然不能博通，但都能依據禮義予以分辨，故能言行有分有由，所以「士」對於「道術」雖不能窮盡，此「道術」雖然是吸收《莊子》一書的觀念，但意涵上完全是偏重在儒家禮義的典範上，認爲士要能依循這個標準，從而更進一步成就的就是「君子」，繼而「過化存神」爲「賢人」、「大聖」這些典範性的存在，基本上荀子看重的仍然是在當世當一個士君子，故〈儒效〉言：

> 君子之所謂賢者，非能遍能人之所能之謂也；君子之所謂知者，非
> 能遍知人之所知之謂也；君子之所謂辯者，非能遍辯人之所辯之謂
> 也；君子之所謂察者，非能遍察人之所察之謂也；有所止矣。相高
> 下，視墝肥，序五種，君子不如農人；通貨財，相美惡，辯貴賤，

> 君子不如賈人；設規矩，陳繩墨，便備用，君子不如工人。不卹是
> 非、然不然之情，以相薦撙，以相恥怍，君子不若惠施、鄧析。若
> 夫謫德而定次，量能而授官，使賢不肖皆得其位，能不能皆得其官，
> 萬物得其宜，事變得其應，慎、墨不得進其談，惠施、鄧析不敢竄
> 其察。言必當理，事必當務，是然後君子之所長也。（〈儒效〉，頁
> 131～132）

文獻中提出君子的職分，並不是能盡一切知或能辯一切理，也無法在專業技
能上比農人、賈人、工人等優秀，甚至在以名理擺落是非對待相答辯上，君
子也不比惠施、鄧析的高妙。但根據禮義訂定次序，依據才能給予官職，使
得好與壞的人都能安於其當處的位置，萬事萬物都能和諧自處，發生困難
災變都有應對的方法，使得與儒家對立的慎到與墨子的學說不能針對批判，
惠施、鄧析的名談不能顛倒禮義的價值，言行都依據禮義的標準行事，臨事
都能依據職分去盡力，這是君子所應該做到的。關於成為士君子的禮義價
值便是作為儒家義理的重要核心價值，所以對於「儒」的層次，荀子也有所
分辨：

> 故有俗人者，有俗儒者，有雅儒者，有大儒者。不學問，無正義，
> 以富利為隆，是俗人者也。逢衣淺帶，解果其冠，略法先王而足亂
> 世術，繆學雜舉，不知法後王而一制度，不知隆禮義而殺詩書；其
> 衣冠行偽已同於世俗矣，然而不知惡；其言議談說已無以異於墨子
> 矣，然而明不能別；呼先王以欺愚者而求衣食焉，得委積足以揜其
> 口，則揚揚如也；隨其長子，事其便辟，舉其上客，億然若終身之
> 虜而不敢有他志──是俗儒者也。法後王，一制度，隆禮義而殺詩
> 書；其言行已有大法矣，然而明不能齊法教之所不及，聞見之所未
> 至，則知不能類也；知之曰知之，不知曰不知，內不自以誣，外不
> 自以欺，以是尊賢畏法而不敢怠傲──是雅儒者也。法先王，統禮
> 義，一制度，以淺持博，以古持今，以一持萬，苟仁義之類也，雖
> 在鳥獸之中，若別白黑；倚物怪變，所未嘗聞也，所未嘗見也，卒
> 然起一方，則舉統類而應之，無所儗怍，張法而度之，則晻然若合
> 符節──大儒者也。（〈儒效〉，頁 149）

認為完全依據富利原則的人是俗人，然而不知依據禮義標準處世，僅知道粗
略的效法先王以淆亂當世禮法的人，所學乖謬博雜，不知依據時代標準而依

法後王的禮制統一制度，根據禮義而衡量詩書以經世，連衣冠也與世俗之人相同，而他卻不覺得厭惡，這樣的人已經和墨子相同了，僅能依據不精確的明察與稱說先王來求得衣食餬口，隨意交接權貴小人，不敢有其他志向，這就是俗儒。由這裡可以看出荀子「儒」的標準是涵蓋於諸子學問的，甚至墨子之流都僅是「俗儒」的層次，因為「儒」在當時是一種從政的職業，荀子的重點在於「君子」、「小人」之分上，荀子於〈富國〉同樣批判了墨子學問，並且比較了兩個學術的價值高低，即「儒術」的價值與「墨術」的弊端：

> 故儒術誠行，則天下大而富，使而功，撞鐘擊鼓而和。(〈富國〉，頁211)

> 故墨術誠行，則天下尚儉而彌貧，非鬥而日爭，勞苦頓萃而愈無功，愀然憂戚非樂而日不和。(〈富國〉，頁211)

這便是從「方術」的角度觀察其產生的流弊，這便是繼承《莊子》一書由「全」觀「曲」的認知觀念。在「儒」的層次上，「俗儒」僅是表象的達到片面的價值，但是真正的價值核心便是要知道尊法後王的制度禮義，統一制度，崇重禮義來衡量差省詩學，言行便有了大法，然而明察仍未達於法教之所及，聞見之所未至，因為他的智慧能不能比類而通，所以他僅能就知道就說知道的部分，不知道就說不知道，並不會強不知以為知來匡騙自己及他人，這就是「雅儒」的層次。知道法後法，根本禮義，齊一制度，能夠通達禮義的類之分別，見到一種禮義的內涵就是執持萬種，舉一而反三，在仁義的善類雖在鳥獸之中仍然能夠予以分別判斷，對於未知的能夠根據已知的統類來判斷，對於事變用法來衡量符節，這是「大儒」的層次。

總上所述，荀子在繼承《莊子‧天下》篇「道術」與「方術」中由「全」觀「曲」的認知方法後，站在「方術」的角度對於諸子及儒家內部展開批判，然而對於人格標準的部分，荀子吸收了「道術」之全的觀念，將其轉化到人格的典範中，即「儒」的身份上，所以連墨子之流的針對儒家的批判者都被納入「儒」的人格標準中來評價，《莊子》一書認為人都要返歸於「道術」之全，所有的方術不過是「道術」之一偏，人能體證掌握超越的「道術」後，就能「遊心」於萬物而不相害。但荀子將「道術」落實到現實的當代價值問題上，即諸子是不是都能通過「儒」的價值典範的檢核，荀子評價莊子思想不知「人」，這個「人」就是荀子所謂的「士君子」。相近的時代文獻中以《呂氏春秋》在「道術」的人文價值意涵中最接近於荀子，如《呂氏春秋‧孟夏

紀》：

> 人之情，不能親其所怨，不能譽其所惡，學業之敗也，道術之廢也，
> 從此生矣。善教者則不然，視徒如己。反己以教，則得教之情也。
> 所加於人，必可行於己，若此則師徒同體。人之情，愛同於己者，
> 譽同於己者，助同於己者，學業之章明也，道術之大行也，從此生
> 矣。〔註48〕

> 不能學者：從師苦而欲學之功也，從師淺而欲學之深也。草木雞狗
> 牛馬，不可誰詬遇之，誰詬遇之，則亦誰詬報人，又況乎達師與道
> 術之言乎？〔註49〕

《呂氏春秋》針對「人之情」要如何「學」的問題，將所要傳達的人文價值
視為「道術」的內涵，認為要將學生當成自己般的予以指導與教學，給予
適合的標準，這就是能夠讓「道術」彰明的教學方式。同樣強調要學生能夠
「學」的荀子，於「道術」的人文內涵及成就的標準的區分更加細緻，所要
達成的步驟與方法，從經典入手而逐步養成禮義，這個建立禮義的標準就是
荀子「道術」的價值所在，荀子將「道術」觀念轉化作為人文價值內涵，並
以「方術」作為實踐方法的有效性，於荀子弟子韓非的書中同樣使用這樣的
概念意涵，如：

> 此十數人者，皆世之仁賢忠良有道術之士也，不幸而遇悖亂闇惑之
> 主而死，然則雖賢聖不能逃死亡避戮辱者何也？則愚者難說也，故
> 君子不少也。且至言忤於耳而倒於心，非賢聖莫能聽，願大王熟察
> 之也。〔註50〕（《韓非‧難言》）

> 今世之為范且、虞慶者不輟，而人主說之不止，是貴敗折之類而以
> 知術之人為工匠也。不得施其技巧，故屋壞弓折。知治之人不得行
> 其方術，故國亂而主危。〔註51〕（《韓非‧難言外儲說左上》）

同樣使用評價諸子價值的立場上，韓非評價以上的人為仁賢忠良具有人文價
值的「道術」之士，然而因為無法能夠以正確的說服方式傳達自己的義理，

〔註48〕〔先秦〕呂不韋撰，許維遹集釋：《呂氏春秋集釋（上冊）‧孟夏紀卷四‧誣
　　　　徒》，頁13。
〔註49〕同上註，頁13～14。
〔註50〕〔先秦〕韓非著，陳奇猷集釋：《韓非子集釋（上）》，頁49～50。
〔註51〕同上註，頁636。

所以遭遇了不好的下場。韓非繼承的荀子對於「方術」所具有的學派自身的方法有效性，認爲知治之人無法將這個治世方法落實，就會使得國家發生危亂，而使得上位的君主產生危險。

第五章　結　論

　　從「道術」、「方術」、「心術」的淵源及內涵的釐清《莊子》與《荀子》兩書如何藉由思想及價值的確立，逐步從學術討論到建立學術批評，從而形成學術觀的發展，由此彰顯彼此的學術「標準」差異，表現為依不同立場建構的學術觀在方法所具有的繼承關係與發展者。

　　莊子「三言」表述的境界要經由「道術」體證後，「道」才變得可聞與可學，所以體證道的工夫就是「道術」，「道術」具有的修養層次內涵便是以「三言」表述而出，作為開展個人生命境界的方法，同時也作為道家評價學術的價值立場。而體證「道術」後向下落實於「物」的實踐層次，便要由「齊物」思維發展而出通於治術的「心術」觀念，從而在學術評價上認為諸子的「方術」同樣是從更根本的「道術」發展而出的學問。從而發展出一種超越的思維，在由「全」觀「曲」的認知境界中，可以知道要返歸於這個「全」的境界方法就是「道術」，而在傳達「道術」的方法時，《莊子》一書毫不避諱的以孔子作為表述及詢問「道術」的主角，這更證明了在《莊子》一書的思維中諸子「方術」間都是包含在整全的「道術」之中，儒家的孔子同樣要返歸於「道術」之本。「心術」落實在現實一面，即「人道」的部分，由養人而養天下萬物，以無為自然的方式與通於物的自然，如此而能兩不相害，這便是聖人治道的最高境界。

　　荀子的「心術」為經由「解蔽」的工夫後能保持心的清明，使得知無所蔽，便能正確的去認知萬事萬物，這部分是繼承莊子兼陳萬物的觀點，然而荀子便是由「知物」的方法拓展為「知道」以致於「行道」的認知過程，由「解蔽的功夫」根據「積習」的過程而通達於禮義的治道。在詞彙部分，荀

子對於《莊子》一書也所有繼承與發展。荀子於批判諸子中建立起普遍的人文價值，由繼承自《莊子》中「方術」的學派觀念，以明於「天人之分」的至人開展出荀子「道術」的內在價值荀子吸收莊子的「至人」觀念，然而賦予人文的意涵，對於莊子思想中僅知天不知人的「體道至人」，荀子於〈天論〉中提出「至人」當明於「天人之分」，即以「解蔽」的方式為「治心」的方法，至人的內涵被荀子以儒家的仁者與聖人替換，然而行道的方法能夠達到「無為」與「無彊」的效果，這樣的效果是由「解蔽」的認知方法達致通明於天下，與莊子以「心齋」體證道術的方法能夠達至「同於大通」的歷程是一致的。荀子雖繼承道家「道」的觀念，但不同於道家建立一本體的根源，荀子將「道」、「禮義」與「偽」名異而實同，都歸於聖人的製作，僅保留了作為建構社會秩序的方法意涵，便是「方術」的觀念，藉由「心術」的兼知與兼物來設計出符合社會秩序的禮義原則。並且繼承《莊子》一書「方術」的觀念，延伸而來的諸子有見於一偏的思維，故要學習經書，並經由「解蔽」原則，由認知「曲」的侷限性與功能性，經由而返歸於「全」（禮義）的建構。這樣的建構便是荀子之所以重視要以「心術」對制名內涵的名實予以分析與審察，都是為了要讓「後王」能依據「禮義」所定的各項「實名」給予真正的標準，也就是依據當代「物」的實情來設置合於「禮義」的「實名」。這就是荀子批判莊子思想「不知人」的關鍵，離開了人的存在，知識本身就不存在任何價值，因為知識就是屬於心理的認知活動，荀子提出「解蔽」的「心術」觀念就是要借助這種工具性的價值來達成建構人文社會的目標，然而純粹從「心術」出發是無法由知識獲得完整的存在意義，提出能明於「天人之分」為「至人」的荀子，將「禮義」的價值根源放到了知識之上，成為建構人文社會的義理結構。

一、觀念的意涵差異

《莊子》一書的「道術」是具有超越時間的普遍真理的價值「道」所保證，包含「內聖外王」的渾全性，具有「淵源」的觀念。「方術」為具有繼承性的諸子流派觀念，具有「流派」的意涵，由於「道術為天下裂」後的諸子言都於道有所一偏，所以可以藉由「認知」作用去指出諸子「方術」所見與所蔽之處並予以「兼知」超越。

荀子於方法學上繼承《莊子》一書「方術」的評判方式，然而認為評判標準並非由超時間性的「道」的淵源所保證，而是「方術」流衍後應世產生

流弊的認知，強調人文的發展性，提出天人之分，想藉由文明的經典去積學從而化性起偽，建立普遍文明的核心價值。

　　《莊子》一書與荀子同樣提到「心術」觀念，然而《莊子》一書認爲文明價值是「末」，必須在體道的功夫上超越外在文明價值，才能順乎自然的萬物兼陳，繼而無爲的去與自然達成和諧，從而返歸於「道術」的價值，以此發揮對治萬物的「天道」之眞正的精神。荀子認爲「心術」具有方法性，僅要去蔽兼知，以莫若以明的清明之心去認知萬物，運用「解蔽」的功夫，繼而開展文明的當代性。

　　所以，荀子藉由對《莊子》一書「道術」與「方術」觀念的深刻體會與發展，繼承其「方術」之蔽的批判觀點，對於「學派」本身是採取「兼知」其蔽的角度對於諸子方術展開批判，從而對儒家內部的發展弊端也予以發掘，從而開展儒家眞正核心的價值，正是在這樣的角度下，荀子在「心術」上提出具有思辨精神「解蔽」方法，強調以認知爲主的大清明之心，並以分析物的名理現象去認知「物」本身的功能，這是以「知道」的分析性眼光去區別於《莊子》一書「體道」要返歸於「道術」之「全」的超越角度。

二、觀念的發展關係

　　根據本文探討的成果，發現觀察「道術」、「方術」、「心術」觀念於《莊子》一書與荀子間的繼承與發展後產生的學術觀念，觀察出諸子學說在爭辯中建構一個時代思潮的學術關係，並且於學派間持續性的對議題的探討與義理價值的辯證，並彼此在方法上的借用與學習，同時對於普遍性的價值觀念也持續的在學派內部討論與發展，這也正顯示出先秦學術發展的逐漸於戰國出現具有其他學派間相互對辯的對象及議題，並且在學派內部對核心義理價值的討論。從而形成一股多元發展的學術思潮，諸子在不同立場下彼此討論與論辯，針對自身的主張去實踐理念，並在面對同一個議題的其他主張有所回應，這種區別意識，正是學派的要件之一，加上對於重要的學術方法能夠繼承與吸收爲表達與思維的工具，繼而形成學術討論。從《莊子‧天下》篇與荀子〈非十二子〉篇中「道術」、「方術」觀念的繼承與發展可以看到「學派」觀念的形成，並且看到學術間辯證影響的關係，「心術」具有虛靜及運用方法的意涵在莊子思想中提出後，於戰國中晚期的稷下學術中受到廣泛的討論，後荀子繼承「心術」觀念，並將其發展成「解蔽」思維。

附錄一　莊子與荀子年表

周顯王元年當十年間（前 368～359）　莊子一歲～十歲 [註1]

　　《史記‧老子韓非列傳》：莊子名周。〔註2〕

　　《史記索隱》引劉向《別錄》：「宋之蒙人也。」〔註3〕

　　《史記集解》引《地理志》：「縣蒙屬梁國。」〔註4〕

　　《經典釋文‧敘錄》引太史公云：「字子休。」〔註5〕

　　成玄英《莊子集釋‧序》亦云：「字子休。」

　　案：依學者的籍貫及經歷，可以了解其學術發展的地理分佈，莊子思想

〔註 1〕　本年表的製作參考〔清〕汪中著：《荀卿子年表》，《北京圖書館藏珍本年譜叢
　　　　刊第五冊》（北京：北京圖書館出版社，1999 年），民國十四年影印本，頁 612
　　　　～613。游國恩：〈荀卿考〉，《游國恩學術論文集》（北京：中華書局，1989
　　　　年 1 月初版），頁 299～308。施之勉：〈荀子年表〉，李滌生：《荀子集釋》，頁
　　　　683～689。姜亮夫撰：《歷代名人年里碑傳總表》（台北：台灣商務，1993 年
　　　　11 月臺一版四刷），頁 3～4。文物出版社編：《中國歷史年代簡表》（香港：
　　　　三聯書店，2003 年 7 月香港一版二刷），頁 33～50。馬敘倫著：《莊子年表》，
　　　　《北京圖書館藏珍本年譜叢刊第五冊》（北京：北京圖書館出版社，1999
　　　　年），民國間鉛印本，頁 584～609。福永光司著，李君奭譯：〈莊子時代大略
　　　　年表〉，見氏著：《中國古代存在主義》（彰化：專心企業有限公司出版，1978
　　　　年 8 月），頁 174～177。白奚著：〈稷下大事年表〉、〈稷下諸子生卒約數年表〉，
　　　　見氏著：《稷下學研究》（北京：三聯書店，1998 年 9 月），頁 303～304。錢
　　　　穆著：《先秦諸子繫年》（北京：商務印書館，2005 年一版三刷）。
〔註 2〕　〔漢〕司馬遷，〔劉宋〕裴駰集解，〔唐〕司馬貞索隱，〔唐〕張守節正義：《史
　　　　記》，頁 2143。
〔註 3〕　同上註。
〔註 4〕　同上註。
〔註 5〕　〔唐〕陸德明著：《經典釋文》，頁 17。

的籍貫及經歷約在宋與楚地，宋相鄰齊、魯、魏、楚，故楚地老子思想、魯地孔子及墨子思想、齊國稷下學術在《莊子》一書中都有提及。同屬趙人的公孫龍與荀子，公孫龍仕宦於魏，且以辯士名家成學，故莊子及見。荀子仕宦於齊之稷下及楚地，故於莊子學術能有所見聞。

周顯王十一年（前 358）　莊子二歲～十一歲

《莊子‧讓王》：韓、魏相與爭侵地。子華子見昭僖侯，有憂色。（頁 969）

《史記‧韓世家》：八年（昭侯），申不害相韓，脩術行道，國內以治，諸侯不來侵伐。〔註6〕

案：此昭侯即昭僖侯，又因古書僖、釐通用，故又稱韓昭釐侯。

周顯王十六年（前 353）　魏惠王十八年、齊威王二十六年　莊子七歲～十六歲

《莊子‧則陽》：犀首說魏惠王伐齊。（頁 889）

《莊子‧則陽》：魏瑩與田侯牟約，田侯牟背之。魏瑩怒，將使人刺之。（頁 888）

案：魏瑩即魏惠王。田侯即齊威王。威王名因不名牟，根據馬敘倫考索，齊桓公名午近於牟，應為誤以桓公名為威王名，傳寫而誤，牟應為後人所加。

又據《史記‧田敬仲完世家》：威王二十六年，魏惠王圍邯鄲，趙求救於齊（齊威王）。〔註7〕

案：齊起兵擊魏後，大敗魏於桂陵，於是齊最強於諸侯，自稱為王。故此篇稱田侯者，在於齊未王之時。

《莊子‧則陽》：惠子聞之而見戴晉人。（頁 891）

案：惠子即惠施，戴晉人為梁國賢人。後惠施薦於魏惠王。

〔註6〕　〔漢〕司馬遷，〔劉宋〕裴駰集解，〔唐〕司馬貞索隱，〔唐〕張守節正義：《史記》，頁 1869。

〔註7〕　〔漢〕司馬遷，〔劉宋〕裴駰集解，〔唐〕司馬貞索隱，〔唐〕張守節正義：《史記》，頁 1892。

《莊子・秋水》：惠子相梁，莊子往見之。(頁605)
案：即梁惠王。

《呂氏春秋・淫辭》〔註8〕：惠子爲魏惠王爲法。
《呂氏春秋・不屈》：載惠王跟惠子的問答。
《呂氏春秋・開春論》〔註9〕：記載惠王死將葬，天大雨雪，羣臣欲緩葬，太子不肯。
群臣莫敢諫而告犀首。犀首曰：請告惠公。高誘注：惠公即惠王相惠施。
《孟子外書》：滕文公卒葬有日矣！……太子不許，惠子諫曰：「……此文王之志也！」孟子曰：「禮也。」〔註10〕
案：應非指滕文公而是指魏惠王，因惠子當時爲魏惠王相。

《戰國策・魏策》：記載惠施爲齊韓魏交，令太子鳴爲質於齊。〔註11〕
案：事在惠工末。

《戰國策・楚策》：記載張儀逐惠施於魏，惠子之楚。〔註12〕
案：儀相魏在襄王十三年，則惠子相魏惠王與襄王。在魏三十餘年。

周顯王二十七年（前342）　楚宣王二十八年、齊宣王元年、魏惠王二十九年　莊子十八歲～二十七歲

《莊子・天下》：記載彭蒙、田駢、愼到聞其風而說之。(頁1086)
《莊子・秋水》：公孫龍問於魏牟。(頁596)
案：龍是趙人，牟是魏之公子。

《莊子・讓王》：載中山公子牟。(頁979)

〔註8〕　〔先秦〕呂不韋撰，許維遹集釋：《呂氏春秋集釋（下冊）・不屈卷十八》，頁20。
〔註9〕　〔先秦〕呂不韋撰，許維遹集釋：《呂氏春秋集釋（下冊）・開春論卷二十一》，頁2。
〔註10〕　〔宋〕熙時子注，〔清〕李調元編纂：《孟子外書四篇／金華子雜編二卷》（台北：宏業書局，1972年4月初版），卷二，文說第二，頁2552。
〔註11〕　〔漢〕劉向集錄：《戰國策》（台北：里仁書局，1990年9月初版），頁387。
〔註12〕　同上註，頁543～546。

據《經典釋文》引司馬彪曰：魏之公子，封中山，名牟。〔註13〕

又據《史記‧六國年表》：魏惠王二十九年中山君爲相。〔註14〕（〈魏世家〉記：二十八年，齊威王卒，中山君相魏。〔註15〕）

《呂氏春秋‧審應覽卷十八‧淫辭》〔註16〕篇：記載趙王（趙惠王）以告平原君，平原君以告公孫龍。

《史記‧田敬仲世家》：宣王喜文學游說之士，自如騶衍（前305～240）、淳于髡（前385～305）、田駢（前350～283）、接子（前350～283）、慎到（前350～283）、環淵（前360～280）之徒七十六人，皆賜列第爲上大夫，不治而議論，是以齊稷下學士復盛，且數百千人。〔註17〕

案：田駢、慎到皆齊宣王時人。加上公孫龍與惠王同時，此證莊子與趙惠文王同時，故能得知公孫龍的學說。

周顯王三十年（前339） 楚威烈王元年、齊宣王四年至周顯王四十年（前329）楚威烈王十三年 莊子二十一歲～三十歲

《莊子‧秋水》：記載莊子釣於濮水，楚王使二大夫往先焉。（頁603）

《莊子‧列禦寇》：記載聘於莊子。（頁1062）

《史記‧老子韓非列傳》：楚威王聞莊周賢，使使厚幣聘莊子爲相，莊子卻之。

案：本傳合《莊》書二事爲一。

《史記‧老子韓非列傳》：莊子蒙人，嘗爲蒙漆園吏。周與梁惠王、齊宣王同時。

案：指應爲楚王欲聘相時期。

《韓非‧喻老》篇：楚威王〔註18〕欲伐越，莊子諫曰：臣患智之如目也。

〔註13〕 〔唐〕陸德明著：《經典釋文》，頁399。

〔註14〕 〔漢〕司馬遷，〔劉宋〕裴駰集解，〔唐〕司馬貞索隱，〔唐〕張守節正義：《史記》，頁725。

〔註15〕 〔漢〕司馬遷，〔劉宋〕裴駰集解，〔唐〕司馬貞索隱，〔唐〕張守節正義：《史記》，頁1845。

〔註16〕 〔先秦〕呂不韋撰，許維遹撰：《呂氏春秋集釋（中冊)》，頁17。

〔註17〕 〔漢〕司馬遷，〔劉宋〕裴駰集解，〔唐〕司馬貞索隱，〔唐〕張守節正義：《史記》，頁1895。

〔註18〕 「威」字原作「莊」，顧廣圻引《史記‧西南夷列傳》及高誘《呂氏春秋‧介

案：是莊子於威王時嘗至楚，其能致楚聘，必已三四十歲。

焦竑《老子翼・卷之三附錄》：莊周，字子休，號南華子，顯王（周）三
十年，楚聘爲相。不就，隱濠上漆園，著書五十二篇，名《莊子》，今存
三十三篇。〔註19〕

案：即楚威王元年。

周顯王三十三年（前336）　趙肅侯十四年　莊子二十四歲～三十三歲、荀子一歲

《史記・孟子荀卿列傳》：荀卿，趙人。〔註20〕

案：荀子約於是年前後出生。

周顯王三十五年（前334）　楚威王六年、齊宣王九年、楚威王三十六年（莊襄王元年）、趙肅侯十六年　莊子二十六歲～三十五歲、荀子三歲

《莊子・山木》記載莊子衣大布而補之，正緳係履，而過魏王。（頁687）
據《經典釋文》引司馬彪：魏王即魏惠王也。〔註21〕
又據《史記・魏世家》：襄王元年，與諸侯會於徐州相王也。追尊父惠王
爲王。〔註22〕

案：故魏之稱王，自襄王始。

周慎靚王元年（前320）　燕王噲元年　莊子四十歲～四十九歲、荀子十七歲

周慎靚王二年（前319）　燕王噲二年、康王十年、齊湣王五年、魏襄王十六年、楚懷王十年　莊子四十一歲～五十歲、荀子十八歲

《莊子・列禦寇》：記載宋人有曹商者，爲宋王使秦。（頁1049）又莊子

力篇》注證爲「威」字。

〔註19〕〔先秦〕老子著，〔明〕焦竑：《老子翼》，《無求備齋老子集成初編》第十一
　　　函第六冊，（台北：藝文印書館，1965年），頁9。
〔註20〕〔漢〕司馬遷，〔劉宋〕裴駰集解，〔唐〕司馬貞索隱，〔唐〕張守節正義：《史
　　　記》，頁2348。
〔註21〕〔唐〕陸德明著：《經典釋文》，頁387。
〔註22〕〔漢〕司馬遷，〔劉宋〕裴駰集解，〔唐〕司馬貞索隱，〔唐〕張守節正義：《史
　　　記》，頁1848。

曰：秦王有病，又人有見宋王者，錫車十乘，以其十乘驕穉莊子。（頁1061）

《史記‧宋微子世家》：偃自立爲宋君，君偃十一年，自立爲王。〔註23〕

案：即康王。

周慎靚王二年（前318）　燕王噲二年　莊子四十二歲～五十一歲、荀子十九歲

《孟子‧梁惠王上》：孟子見梁襄王。〔註24〕

案：孟子於此年往見梁襄王。

周慎靚王五年（前316）　燕王噲五年　莊子四十四歲～五十三歲、荀子二十一歲

《莊子‧秋水》：之噲讓而絕。（頁580）

《史記‧六國年表》：（燕王噲）五年，君讓其臣子之國，願爲臣。〔註25〕

《韓非子‧難三篇》：燕子噲賢子之而非荀卿，故身死爲僇。〔註26〕

案：荀卿遊齊之前，已先遊燕矣。

周赧王元年（前314）　燕王噲七年　莊子四十六歲～五十五歲、荀子二十三歲

《莊子‧徐無鬼》：記莊子送葬，過惠子之墓，述及宋元君。（頁843）

案：宋元君乃偃王太子，其爲君當國，當在魏襄王二十年時（前300）。爲齊湣王二年，周赧王十五年。所以，莊子其人歷齊威與宣王，梁惠與襄王，晚年及齊湣王魏昭王耳。故莊子卒於周赧王二十六年至三十六年（前289～299）間，莊子得壽約八十歲。莊子與田駢（前350～283）、慎到（前350～283）同時。

《史記‧孟子荀卿列傳》：孟軻，騶人也，受業子思之門人。〔註27〕

〔註23〕　〔漢〕司馬遷，〔劉宋〕裴駰集解，〔唐〕司馬貞索隱，〔唐〕張守節正義：《史記》，頁1632。

〔註24〕　〔宋〕朱熹著：《四書章句集注》，頁206。

〔註25〕　〔漢〕司馬遷，〔劉宋〕裴駰集解，〔唐〕司馬貞索隱，〔唐〕張守節正義：《史記》，頁732。

〔註26〕　〔先秦〕韓非著，陳奇猷集釋：《韓非子集釋（下）》，頁853。

〔註27〕　〔漢〕司馬遷，〔劉宋〕裴駰集解，〔唐〕司馬貞索隱，〔唐〕張守節正義：《史

案：字子輿。生於周烈王四年（前 372），卒於周赧王二六年（前 289）。
　　得壽八十四歲。

《孟子外書》〔註28〕：孫卿子自楚至齊，見孟子而往論性。孟子曰：「有
善無惡天也，有善有惡人也。」孫卿子曰：「有善有惡天也，有善無惡人
也。」孟子曰：「率天下之人而迷性本者，必自子始矣！」
案：孫卿子往楚時為周赧王二十九年（前 286），故不及於齊見孟子。

周赧王三年（前 312）　燕王噲九年、秦惠文王十三年、楚懷王十七年　莊子四十九歲～五十八歲、荀子二十六歲

《莊子・齊物論》：昭文之鼓琴也，師曠之枝策也，惠子之據梧也，三子
之知幾乎，皆其盛者也，故載之末年。……而其子又以文之綸終，終身
無成。（頁 74～75）
案：惠施約卒於周赧王五年（前 310），而莊子及見惠施兒子之死。

《莊子・天下》：宋鈃、尹文聞其風而說之。（頁 1082）
案：《莊子・逍遙遊》記載的宋榮子即是宋鈃。（頁 16）宋鈃即孟子所
　　稱之宋牼，《孟子》記載宋牼將見秦、楚之王，說以罷兵。〔註 29〕
　　是時楚為懷王、秦為惠文王。

周赧王十七年（前 298）　燕昭王十四年、趙惠文王元年、楚頃襄王元年、齊湣王二十六年　莊子六十三歲～七十二歲、荀子四十歲

《莊子・說劍》：記載趙文王喜劍。……國衰，諸侯謀之。太子悝患之，
募左右曰：「熟能說王之意止劍士者，賜之千金。」左右曰：「莊子當能。」
太子乃使人以千金奉莊子（頁 1016～1017）
案：趙文王即惠文君也，時趙以公子勝為相，封平原君。記載莊子歷程
　　的文獻最晚的繫年約於此年前後，於年歲約當卒於此時或稍晚。

周赧王二十八年（前 287）　齊湣王三十七年　荀子五十歲

記》，頁 2343。
〔註28〕〔宋〕熙時子注，〔清〕李調元編纂：《孟子外書四篇／金華子雜編二卷》，卷
　　　　一，性善辨第一，頁 2539。
〔註29〕〔宋〕朱熹注：《四書章句集注》，頁 340。

《史記‧孟子荀卿傳》：年五十，始來遊學於齊。〔註30〕
案：遊學即仕官也。〔註31〕故此年前後荀子初爲稷下學士祭酒。

《風俗通‧窮通第七》：十五來學於齊。〔註32〕
案：荀子年十五游燕非游齊。

《顏氏家訓‧勉學第八》：荀卿五十，始來遊學，猶爲碩儒。此並早迷而晚寤也。〔註33〕
案：此書認爲荀子於游齊後始學，非也。

周赧王二十九年（前286）　齊湣王三十八年　荀子五十一歲

《荀子‧王霸》：故用彊齊……。故彊，南足以破楚，西足以詘秦，北足以敗燕，中足以舉宋。（頁234）

《荀子‧彊國》：荀卿子說齊相曰：「……今巨楚縣吾前，大燕鰌吾後，勁魏鈎吾右，西壤不絕若繩。楚人則乃有襄賁開陽，以臨吾左。是一國作謀，三國必起而乘我。如是，則齊必斷而爲四，三國若假城然耳。」（頁347）

案：此正當齊湣王之世。湣王再攻破燕魏，留楚太子橫以割下東國，故荀卿爲是言。其後五國伐齊，燕入臨菑，楚魏共取淮北，卒如荀卿言。

《史記‧六國年表》：（齊湣王）三十八年，齊滅宋。〔註34〕

《戰國策‧齊策‧齊人見田駢》：記「田子辭。」〔註35〕

《鹽鐵論‧論儒》：齊威、宣之時，顯賢進士，國家富強，威行敵國。及湣王，奮二世之餘烈。南舉楚淮北，并巨宋，苞十二國。西摧三晉，卻

〔註30〕〔漢〕司馬遷，〔劉宋〕裴駰集解，〔唐〕司馬貞索隱，〔唐〕張守節正義：《史記》，頁2348。

〔註31〕施之勉：〈荀卿五十爲齊稷下學士〉，《大陸雜誌》第四十五卷第二期，頁40。

〔註32〕〔漢〕應劭：《風俗通義（二）》（板橋：藝文印書館，1966年），頁16。

〔註33〕〔北齊〕顏之推撰，王利器集解：《顏氏家訓集解‧勉學第八》（台北：明文書局，1990年3月），頁166。

〔註34〕〔漢〕司馬遷，〔劉宋〕裴駰集解，〔唐〕司馬貞索隱，〔唐〕張守節正義：《史記》，頁740。

〔註35〕〔漢〕劉向集錄：《戰國策》（台北：里仁書局，1990年9月初版），頁420。

彊秦。

五國賓從，鄒、魯之君，泗上諸侯皆入臣。矜功不休，百姓不堪。諸儒諫不從，各分散。慎到、捷子亡去，田駢如薛，而孫卿適楚。〔註36〕

案：齊湣王與魏、楚伐宋，遂滅宋而三分其地。

周赧王三十一年（前284）　齊湣王四十年　荀子五十三歲

《荀子・王制》：閔王毀於五國。（頁172）

《荀子・王霸》：及以燕趙起而攻之，若振槁然。然身死國亡，為天下大僇。（頁234）

《荀子・臣道》：齊之孟嘗，可謂篡臣也。（頁290）

案：閔王即齊湣王。楊倞注，史記曰：「齊湣王既滅宋，益驕，欲盡滅孟嘗。孟嘗君恐，乃如魏。魏昭王以為相，西合於秦趙，與燕共伐破齊。湣王亡在莒，遂死焉。後齊襄王立，孟嘗中立為諸侯，無所屬。襄王新立，畏孟嘗，而與連和。是篡臣也。」〔註37〕

《史記六國年表》：五國共擊湣王，王走莒。〔註38〕

案：是年，五國伐齊湣王奔莒被殺。齊襄王復國，稷下復修列大夫之缺。荀子於此年再至齊為祭酒。

周赧王三十二年（前283）　齊襄王元年　荀子五十四歲

《史記・孟子荀卿列傳》：田駢之屬皆已死，齊襄王時，荀卿最為老師。齊尚脩列大夫之缺，而荀卿三為祭酒焉。〔註39〕

案：當在齊襄元年至十七年十餘年間。

周赧王三十六年（前279）　齊襄王五年　荀子五十八歲

《荀子・議兵》：故齊之田單，……是皆世俗所謂善用兵者。（頁317）燕能并齊而不能凝也。故田單奪之。（頁338）

〔註36〕　〔漢〕桓寬撰，土利器校注，王佩諍札記：《鹽鐵論校注札記・論儒第十一》（台北：世界書局，1979年六版），頁82。

〔註37〕　〔先秦〕荀子著，〔清〕王先謙集解：《荀子集解》，頁165。

〔註38〕　〔漢〕司馬遷，〔劉宋〕裴駰集解，〔唐〕司馬貞索隱，〔唐〕張守節正義：《史記》，頁740。

〔註39〕　〔漢〕司馬遷，〔劉宋〕裴駰集解，〔唐〕司馬貞索隱，〔唐〕張守節正義：《史記》，頁2348。

案：是年，田單殺燕騎劫。

周赧王三十七年（前 278） 齊襄王六年 荀子五十九歲

《荀子・議兵》：然而秦師至，而鄢郢舉，若振槁然。（頁 331）

案：是年，秦拔楚郢。

周赧王四十三年（前 272） 齊襄王十二年 荀子六十五歲

《荀子・彊國》：今楚、父死焉，國舉焉……是乃使讎人役也。（頁 352）

《荀子・仲尼》：則楚六千里而爲讎人役。（頁 116）

案：是年復與秦平入太子爲質於秦。

周赧王四十九年（前 266） 秦昭王四十一年、齊襄王十八年 荀子七十一歲

《荀子・儒效》：載秦昭王與荀卿問答之語。（頁 127）

《荀子・彊國》：載應侯與荀卿問答之語。（頁 354～355）

《史記・范雎蔡澤列傳》：秦封范雎以應，號爲應侯。〔註 40〕

案：是年，秦昭王四十一年也，秦拜范雎爲相，以應號爲應侯。故荀子於齊襄王十八年去齊游秦也。因不遇復歸於趙，故於隔年於趙孝成王前與臨武君議兵。

周赧王五十年（前 265）齊襄王十九年、秦昭王四十二年、趙孝成王元年 荀子七十二歲

《荀子・議兵》：李斯問孫卿子曰秦四世有勝皆謂孝公至昭王。（頁 329～332）

案：是年，秦拔趙二城，平原君相。荀子於是年去秦歸趙。

周赧王五十五年（前 260） 趙孝成王六年、齊王建五年、秦昭王四十七年 荀子七十七歲

《史記・孟子荀卿列傳》：齊人或讒荀卿，荀卿乃適楚。〔註 41〕

〔註 40〕〔漢〕司馬遷，〔宋〕裴駰集解，〔唐〕司馬貞索隱，〔唐〕張守節正義：《史記》，頁 2412。

〔註 41〕〔漢〕司馬遷，〔劉宋〕裴駰集解，〔唐〕司馬貞索隱，〔唐〕張守節正義：《史記》，頁 2348。

案：此時荀卿由趙至齊的時期，並於齊第三次爲祭酒，於年歲上也符合
　　最爲老師。

周赧王五十八年（前257）　趙孝成王九年、齊王建八年、秦昭王五十年、楚考烈王六年　荀子八十歲

《荀子・臣道》：平原君之於趙也，可謂輔矣。信陵君之於魏也，可謂弼
矣。又，爭然後善，戾然後功，出死無私，致忠而公者，是之謂通忠之
順，信陵君似之矣。

《荀子・議兵》：韓之上地，方數百里，完全富足而趨趙，趙不能凝也，
故秦奪之。（頁338）

案：是年，秦圍邯鄲，魏信陵君奪晉鄙兵。平原君求救於楚，楚使春申
　　君與魏救趙卻秦存邯鄲。

《史記・六國年表》：（趙孝成王）九年，秦圍我邯鄲，楚魏救我。
〔註42〕

《史記・楚世家》：（楚考烈王）六年，秦圍邯鄲，趙告急于楚，楚遣將
軍景陽救趙。七年，至新中，秦兵去。〔註43〕

《史記・春申君傳》：四年，秦破趙之長平軍四十餘萬，六年圍邯鄲，邯
鄲告急於楚，楚使春申君將兵往救之，秦兵亦去。〔註44〕

案：當是五年圍邯鄲。

秦昭王五十二年（前255）　楚考烈王八年、趙孝成十一年、齊王建十年、秦昭王五十二年　荀子八十二歲

《荀子・議兵》：臨武君與孫卿子議兵於趙孝成王前。（頁311～326）

《史記・孟子荀卿列傳》：齊人或讒荀卿，荀卿乃適楚，而春申君以爲蘭
陵令。〔註45〕

〔註42〕〔漢〕司馬遷，〔劉宋〕裴駰集解，〔唐〕司馬貞索隱，〔唐〕張守節正義：《史
　　　　記》，頁747。

〔註43〕〔漢〕司馬遷，〔劉宋〕裴駰集解，〔唐〕司馬貞索隱，〔唐〕張守節正義：《史
　　　　記》，頁1736。

〔註44〕〔漢〕司馬遷，〔劉宋〕裴駰集解，〔唐〕司馬貞索隱，〔唐〕張守節正義：《史
　　　　記》，頁2395。

〔註45〕〔漢〕司馬遷，〔劉宋〕裴駰集解，〔唐〕司馬貞索隱，〔唐〕張守節正義：《史
　　　　記》，頁2348。

《史記・春申君傳》：春申君相楚八年，爲楚北伐滅魯，以荀卿爲蘭陵令。〔註46〕

《孫卿書錄》：或謂春申君曰，湯以七十里，文王以百里，孫卿，賢人也，今與之百里地，楚其危守。春申君謝之，孫卿去之趙。楚策，趙以爲上卿。〔註47〕

案：其時爲楚考烈王八年，趙孝成王十一年，與臨武君議兵，當在荀卿返趙之時。

《孫卿書錄》：後客或謂春申君曰，伊尹去夏入殷，殷王而夏亡。管仲去魯入齊，魯弱而齊強。故賢者所在，君尊國安。今孫卿，天下賢人，所去之國，其不安乎。春申君使人聘孫卿。孫卿遺春申君書，刺楚國。因爲歌賦，以遺春申君。春申君恨，復固謝孫卿。孫卿乃行，復爲蘭陵令。蓋荀卿留趙，不久，即反楚也。〔註48〕

案：春申君封荀子於淮北蘭陵，乃其屬邑，故以卿爲令後八年，春申君徙封於吳。而荀卿爲令如故。

秦王政元年（前246）　楚考烈王十八年　荀子九十二歲

《史記・李斯傳》：李斯（卒於秦二世，前 208 年），楚上蔡人也，從荀卿學帝王之術。學已成，欲西入秦，辭於荀卿。至秦，會莊襄王卒。李斯乃求爲秦相文信侯呂不韋舍人。不韋賢之，任以爲郎。李斯因以得說秦王，秦王乃拜斯爲長史。聽其計，陰遺謀士，齎持金玉，以游說諸侯。諸侯名士，可下以財者，後遺結之。不肯者，以利劍刺之。離其君臣之計，秦王乃使其良將隨其後。秦王拜斯爲客卿。卒用其計謀，官至廷尉，二十餘年，竟并天下，尊王爲皇帝，以斯爲丞相。〔註49〕

《史記・老子韓非列傳》：韓非者（卒於秦始皇十四年，前 233 年），韓之諸公子也。喜刑名法術之學，樂其歸，本於黃老。非爲人，口吃，不

〔註46〕〔漢〕司馬遷，〔劉宋〕裴駰集解，〔唐〕司馬貞索隱，〔唐〕張守節正義：《史記》，頁 2395。

〔註47〕〔清〕嚴可均編：《全上古三代秦漢三國六朝文（第一冊）》（台北：世界書局，1969 年 8 月三版），全漢文卷三十七，頁 4。

〔註48〕同上註。

〔註49〕〔漢〕司馬遷，〔劉宋〕裴駰集解，〔唐〕司馬貞索隱，〔唐〕張守節正義：《史記》，頁 2539。

能道說，而善著書。與李斯俱事荀卿，斯自以爲不如非。〔註50〕

秦王政九年（前238）　楚考烈王二十五年　荀子九十九歲

《史記・六國年表》：（楚考烈王）二十五年，李園殺春申君。〔註51〕

《史記・孟子荀卿列傳》：春申君死，而荀卿廢，因家蘭陵。荀卿嫉濁世之政，亡國亂君相屬，不遂大道而營於巫祝，信機祥，鄙儒小拘，如莊周等又猾稽亂俗，於是推儒、墨、道德之行事興壞，序列著數萬言而卒。〔註52〕

案：荀子廢家於蘭陵並終老蘭陵。

〔註50〕　〔漢〕司馬遷，〔劉宋〕裴駰集解，〔唐〕司馬貞索隱，〔唐〕張守節正義：《史記》，頁2146。

〔註51〕　〔漢〕司馬遷，〔劉宋〕裴駰集解，〔唐〕司馬貞索隱，〔唐〕張守節正義：《史記》，頁752。

〔註52〕　〔漢〕司馬遷，〔劉宋〕裴駰集解，〔唐〕司馬貞索隱，〔唐〕張守節正義：《史記》，頁2348。

附錄二 《莊子》與《荀子》概念繼承表

概　念	《莊子》篇章段落	《荀子》篇章段落
至人	1.〈逍遙遊〉 「至人無己，神人無功，聖人無名。」（頁17） 2.〈齊物論〉 「子不知利害，則至人固不知利害乎？」（頁96） 「至人神矣！大澤焚而不能熱」（頁96） 3.〈人間世〉 「古之至人，先存諸己而後存諸人。」（頁134） 4.〈德充符〉 「孔丘之於至人，其未邪？」（頁204） 「今吾聞至人之言」（頁216） 5.〈應帝王〉 「至人之用心若鏡」（頁307） 6.〈天道〉 「形德仁義，神之末也，非至人孰能定之！夫至人有世，不亦大乎！」（頁486） 「通乎道，合乎德，退仁義，賓禮樂，至人之心有所定矣。」（頁486） 7.〈天運〉 「古之至人，假道於仁，託宿於義」（頁519） 8.〈達生〉 「至人潛行不窒，蹈火不熱」（頁633） 「子獨不聞夫至人之自行邪」（頁663） 「吾告之以至人之德」（頁666）	1.〈天論〉 「故明於天人之分，則可謂至人矣。」（頁362） 2.〈解蔽〉 「夫微者，至人也。至人也，何彊，何忍，何危？故濁明外景，清明內景。」（頁493）

	9.〈山木〉 「至人不聞」（頁 680）	
	10.〈田子方〉 「得至美而遊乎至樂，謂之至人」（頁 714） 「至人之於德也，不修而物不能離焉」（頁 716） 「夫至人者，上闚青天，下潛黃泉，揮斥八極，神氣不變。」（頁 725）	
	11.〈知北遊〉 「是故至人無為」（頁 735）	
	12.〈庚桑楚〉 「吾聞至人，尸居環堵之室，而百姓猖狂不知所如往」（頁 771） 「然則是至人之德已乎？」（頁 789） 「夫至人者，相與交食乎地而交樂乎天」（頁 789）	
	13.〈外物〉 「故曰至人不留行焉！」（頁 937） 「唯至人乃能遊於世而不僻，順人而不失己」（頁 938）	
	14.〈盜跖〉 「至人之所不得逮」（頁 1010）	
	15.〈漁父〉 「彼非至人，不能下人，下人不精，不得其真，故長傷身」（頁 1035）	
	16.〈列禦寇〉 「彼至人者，歸精神乎無始，而甘冥乎無何有之鄉。」（頁 1074）	
	17.〈天下〉 「不離於真，謂之至人」（頁 1066）	
一曲／曲士	1.〈天道〉 「此之謂辯士，一曲之人也」（頁 473） 2.〈秋水〉 「曲士不可以語於道者，束於教也」（頁 563） 3.〈則陽〉 「在物一曲，夫胡為於大方」（頁 917） 4.〈天下〉 「一曲之士也」（頁 1069）	1.〈解蔽〉 「凡人之患，蔽於一曲」（頁 472） 「豈不蔽於一曲」（頁 472） 「曲知之人，觀於道之一隅而未之能識也」（頁 478）
大理	1.〈秋水〉 「爾將可與語大理矣」（頁 563）	1.〈解蔽〉 「而闇於大理」（頁 472） 「制割大理而宇宙裏矣」（頁 484）

虛／靜		
		2.〈正論〉 「未可與及天下之大理者也。」（頁400）
虛／靜	1.〈齊物論〉 「厲風濟則眾竅為虛。」（頁46） 2.〈人間世〉 「氣也者，虛而待物者也。唯道集虛。虛者，心齋也。」（頁147） 3.〈應帝王〉 「盡其所受乎天，而無見得，亦虛而已」（頁307） 4.〈在宥〉 「無視無聽，抱神以靜，形將自正。」（頁381） 「必靜必清，無勞女形」（頁381） 5.〈天地〉 「無為而萬物化，淵靜而百姓定」（頁404） 「同乃虛，虛乃大。」（頁425） 6.〈天道〉 「聖人之靜也，非曰靜也善，故靜也；萬物無足以鐃心者，故靜也」（頁457） 「水靜則明燭鬚眉，平中準，大匠取法焉。水靜猶明，而況精神，聖人之心靜乎！」（頁457） 「夫虛靜恬淡寂漠無為者，天地之平而道德之至，故帝王聖人休焉。休則虛，虛則實，實者倫矣。虛則靜，靜則動，動則得矣。靜則無為，無為也則任事者責矣。」（頁457） 「夫虛靜恬淡寂漠無為者，萬物之本也」（頁457） 「靜而聖，動而王，無為也而尊，樸素而天下莫能與之爭美。」（頁458） 「言以虛靜推於天地，通於萬物，此之謂天樂。天樂者，聖人之心，以畜天下也。」（頁463） 7.〈天運〉 「儻然立於四虛之道」（頁504） 「以遊逍遙之虛」（頁519） 8.〈刻意〉 「夫恬惔寂漠虛無無為」（頁538） 「虛無恬惔，乃合天德。」（頁539） 「故心不憂樂，德之至也；一而不變，靜之至也；無所於忤，虛之至也；不與物交，惔之至也；無所於逆，粹之至也。」（頁542）	1.〈解蔽〉 「心未嘗不臧也，然而有所謂虛」（頁484） 「心未嘗不動也，然而有所謂靜」（頁484） 「虛壹而靜，謂之大清明。」（頁484）

	「粹而不雜,靜一而不變,惔而無爲,動而以天行,此養神之道也。」(頁 544)	
	9.〈達生〉 「未嘗敢以耗氣也,必齊以靜心。」(頁 658) 10.〈山木〉 「人能虛己以遊世」(頁 675) 11.〈田子方〉 「虛緣而葆眞,清而容物」(頁 702) 12.〈知北遊〉 「嘗相與無爲乎!澹而靜乎!」(頁 752) 13.〈庚桑楚〉 「此四六者不盪胸中則正,正則靜,靜則明,明則虛,虛則無爲而無不爲也。」(頁 810) 「欲靜則平氣,欲神則順心,有爲也」(頁 815) 14.〈列禦寇〉 「汎若不繫之舟,虛而敖遊者也」(頁 1040) 「而欲兼濟道物,太一形虛。」(頁 1047) 15.〈天下〉 「以空虛不毀萬物爲實」(頁 1093) 「其動若水,其靜若鏡,其應若響」(頁 1094) 「己獨取虛」(頁 1095)	
散人	1.〈人間世〉 「而幾死之散人,又惡知散木」(頁 172)	1.〈勸學〉 「散儒也」(頁 15)
終始/環	1.〈齊物論〉 「樞始得其環中,以應無窮」(頁 66) 2.〈則陽〉 「冉相氏得其環中以隨成,與物無終無始,無幾無時」(頁 885) 3.〈寓言〉 「始卒若環,莫得其倫,是謂天均」(頁 950) 4.〈大宗師〉 「反覆終始,不知端倪」(頁 268) 5.〈田子方〉 「終始相反乎無端,而莫知其所窮」(頁 712) 6.〈知北遊〉 「魏魏乎其終則復始也」(頁 743)	1.〈王制〉 「以類行雜,以一行萬。始則終,終則始,若環之無端也,舍是而天下以衰矣」(頁 178)

附錄三　《莊子》「三言」人物表

寓言（虛構人物）	重言（真實人物）	巵言人物（道家人物）
〈逍遙遊〉：鯤、鵬（頁 2）、蜩（蟬）、學鳩（班鳩）（頁 9）、朝菌、蟪蛄、冥靈、大椿（頁 11）、不龜手之藥（頁 37）、樗（頁 39）、狸狌、犛牛（頁 40） 〈齊物論〉：狙（頁 70）、罔兩、景（影）（頁 110）、蝴蝶（頁 112） 〈養生主〉：庖丁（頁 117） 〈人間世〉：螳螂（頁 166）、虎（頁 167）、馬（頁 168）、櫟社樹（頁 170）、柏桑（頁 177）、豘（頁 209） 〈應帝王〉：天根、無名人（頁 292）、儵、忽、渾沌（頁 309） 〈駢拇〉：駢拇（頁 311） 〈馬蹄〉：馬（頁 330） 〈胠篋〉：胠篋、大盜（頁 342）	〈逍遙遊〉：湯、棘（頁 14）、堯（頁 22）、惠子（頁 36） 〈逍遙遊〉：堯、舜（頁 89） 〈養生主〉：文惠君（頁 117）、公文軒、右師（頁 124） 〈人間世〉：顏回、仲尼（頁 131、183）、葉公子高（頁 152） 〈德充符〉：仲尼（頁 187、頁 202、頁 206）、常季（頁 189）、子產（頁 196）、魯哀公（頁 206）、衛靈公（頁 216）、惠子（頁 220） 〈大宗師〉：孔子（頁 266、274）、子貢（頁 266）、顏回（274） 〈應帝王〉：季咸（頁 297） 〈馬蹄〉：伯樂（頁 330） 〈在宥〉：崔瞿（頁 371）、黃帝（頁 379）	1. 老聃 〈養生主〉「老聃死，秦失弔之」（頁 126）、〈德充符〉「無趾語老聃曰」（頁 204）、〈應帝王〉「陽子居見老聃」（頁 295）、〈在宥〉「崔瞿問於老聃曰」（頁 371）、〈天地〉「夫子問於老聃曰」（頁 427）、〈天道〉「孔子曰：『善。』往見老聃」（頁 477）、〈天運〉「孔子行年五十有一而不聞道，乃南之沛見老聃」（頁 516）、「子貢曰……老聃曰……」（頁 526）、〈田子方〉「孔子見老聃」（頁 711）、〈知北遊〉「孔子問於老聃曰」（頁 741）、〈庚桑楚〉「老聃之役有庚桑楚者」（頁 769）、〈則陽〉「柏矩學於老聃」（頁 900）、〈寓言〉「陽子居南之沛，老聃西遊於秦，邀於郊」（頁 962）、〈天下〉「老聃曰」（頁 1095） 2. 關尹 〈達生〉「子列子問關尹曰」（頁 633）、〈天下〉「關尹曰」（頁 1094） 3. 陽子居 〈應帝王〉「陽子居見老聃，曰」（頁 295）、〈山木〉「陽子之宋」（頁 699）、〈寓言〉「陽子居南之沛，老聃西遊於秦，邀於郊，至於梁而遇老子」（頁 962）

〈在宥〉：雲將、鴻蒙（頁385）

〈天地〉：離朱、喫詬、象罔（頁415）諄芒、苑風（頁439）

〈天道〉：輪扁（頁490）

〈秋水〉：河伯（頁561）、北海若（頁563）、夔、蚿、蛇、風、目、心（頁591）埳井之鼃、東海之鱉（頁598）、楚之神龜（頁604）、鵷鶵、鴟（頁605）

〈至樂〉：支離叔、滑介叔（頁615）、髑髏（頁617）

〈達生〉：痀僂者（頁639）、呂梁游者（頁656）、魯侯、梓慶（頁658）、東野稷、莊公（頁660）

〈山木〉：大木（頁667）、異鵲、蟬、螳螂（頁695）

〈知北遊〉：知北遊、無為謂（頁729）、知、狂屈（頁730）、泰清、無窮、無為、無始（頁757）、光曜、無有（頁759）

〈徐無鬼〉：牧馬童子（頁831）、狙（頁846）

〈天地〉：黃帝（頁414）、堯（頁416、420）、夫子（頁427、頁438）、蔣閭葂（頁430）、子貢（頁433）

〈天道〉：舜、堯（頁475）孔子、子路（頁477）

〈天運〉：大宰蕩（頁497）、桓公（頁490）、北門成、黃帝（頁502）、孔子（頁511、516、531）、顏淵、師金（頁511）、子貢（頁526）

〈秋水〉：孔子、子路（頁595）、公孫龍、魏牟（頁597）、惠子（頁605、606）

〈至樂〉：顏淵、孔子（頁620）、惠子（頁614）

〈達生〉：仲尼（頁639、647、656）、田開之、周威公（頁644）、祝宗人元端（頁648）、桓公、管仲（頁650）、紀渻子（頁654）、孫休（頁663）

〈山木〉：魯侯（頁670）、王子慶忌（頁676）、孔子（頁679、684、690）、太公任（頁680）、魏王（頁687）、顏淵（頁690）

4. 莊子

〈逍遙遊〉「惠子謂莊子曰」（頁36）、〈齊物論〉「昔者莊周夢為胡蝶」（頁112）、〈德充符〉「惠子謂莊子曰」（頁220）、〈天地〉「夫子曰」（頁406）〔註1〕、〈天道〉「莊子曰」（頁463）、〈天運〉「商大宰蕩問仁於莊子」（頁497）、〈秋水〉「公孫龍問於魏牟曰：『……今吾聞莊子之言，汒焉異之。』」（頁597）、「莊子釣於濮水」（頁603）、「惠子相梁，莊子往見之。」（頁605）、「莊子與惠子遊於濠梁之上」（頁606）、〈至樂〉「莊子妻死，惠子弔之」（頁614）「莊子之楚，見空髑髏」（頁617）、〈山木〉「莊子行於山中，見大木」（頁667）、「莊子衣大布而補之，正緳係履而過魏王」（頁687）、「莊周遊於雕陵之樊」（頁695）、「莊周反入，三月不庭。藺且從之問」（頁697）、〈田子方〉「莊子見魯哀公」（頁717）、〈知北遊〉「東郭子問於莊子曰」（頁749）、〈徐無鬼〉「莊子曰」（頁838）、「莊子送葬，過惠子之墓」（頁843）、〈則陽〉「莊子聞之曰」、〈外物〉「莊周家貧，故往貸粟於監河侯」（頁924）、「惠子謂莊子曰」（頁936）、〈寓言〉「莊子謂惠子曰」（頁952）、〈說劍〉「太子乃使人以千金奉莊子」〔註2〕（頁1017）、〈列禦寇〉「莊子曰」（頁1045）、「反於宋，見莊子曰」（頁1049）、「以其十乘驕稚莊子」（頁1061）、「或聘於莊子。莊子應其使曰」（頁1062）、「莊子將死，弟子欲厚葬之。」（頁1063）〈天下〉「莊周聞其風而悅之」（頁1098）

〔註1〕 成玄英《疏》認為此夫子為老子，又《釋文》引司馬云：「莊子也。」一云：「老子也。」然而考《莊子》一書稱引老子處都直指老聃，並未有特別尊稱的情形，加上外雜篇一般認定為莊子後學所記，故稱其莊子為夫子較合《莊子》一書的學術宗旨。

〔註2〕 錢穆考辨此處見趙惠文王者是莊辛非莊周。見氏著：《先秦諸子繫年》，頁512～514。然考趙惠文王之世莊子及見，且趙惠文王歷史所立為太子丹非太子悍，可見此文獻有傳誤或虛構的成分，依《莊子》一書籍「重言」為真，即以真實人物的對話方式來表述「道術」，所採諸戰國傳聞之言或虛構之言在本文中都仍視為莊子思維的代言。

〈則陽〉：蝸之左角者觸氏、蝸之右角者蠻氏（頁891）

〈寓言〉：罔兩、景（頁959）

〈盜跖〉：無足、知和（頁1008）

〈漁父〉：漁父（頁1023）

〈列禦寇〉：犧牛（頁1063）

〈田子方〉：魏文侯（頁701）、仲尼（頁706、頁711、頁723、頁727）、顏淵（頁706、頁711、頁723）、魯哀公（頁717）、百里奚、秦穆公、宋元君（頁719）、文王、釣者（呂望）（頁720）、楚王、凡君（頁728）

〈知北遊〉：黃帝（頁730）、舜（頁739）、孔子（頁741、762、765）、東郭子（頁749）、婀荷甘、神農、老龍吉（頁754）、冉求（頁762）、顏淵（頁765）

〈徐無鬼〉：女商、魏武侯（頁818）、黃帝（頁830）、惠子（頁838）、管仲、桓公（頁844）、吳王、顏不疑（頁847）、仲尼（頁851）、子綦、九方歅（頁856）、句踐（頁868）

〈則陽〉：夷節、彭陽、王果（頁876）、冉相氏、仲尼（頁884、894、906）、魏瑩、公孫牟（頁888）、犀首（公孫衍）（頁889）、季子、華子（頁890）、惠子（頁891）、子路（頁894）、子牢（頁897）、大弢、狶韋（頁906）、少知（頁906）

〈外物〉：監河侯（頁924）、仲尼（頁928）、宋元君（頁933）、惠子（頁936）

〈寓言〉：惠子（頁952）、曾子（頁954）

〈讓王〉：堯、子州支父（頁965）、舜（頁966、984）、石戶之農（頁966）、大王亶父（頁967）、王子搜（頁

5. 蘭且
　〈山木〉「莊周反入，三月不庭。蘭且從之問」（頁697）

6. 肩吾
　〈逍遙遊〉「肩吾問於連叔」（頁26）、〈應帝王〉「肩吾見狂接輿」（頁289）、〈田子方〉「肩吾問於孫叔敖」（頁726）

7. 連叔
　〈逍遙遊〉「肩吾問於連叔」（頁26）

8. 狂接輿
　〈應帝王〉「肩吾見狂接輿」（頁289）、〈人間世〉「孔子適楚，楚狂接輿遊其門曰」（頁183）

9. 王倪
　〈齊物論〉「齧缺問乎王倪」（頁91）、〈應帝王〉「缺問於王倪，四問而四不知。齧缺因躍而大喜，行以告蒲衣子」（頁287）、〈天地〉「堯之師曰許由，許由之師曰齧缺，齧缺之師曰王倪，王倪之師曰被衣。」（頁415）

10. 齧缺
　〈齊物論〉「齧缺問乎王倪曰」（頁91）、〈應帝王〉「齧缺問於王倪」（頁287）、〈天地〉「許由之師曰齧缺，齧缺之師曰王倪」（頁415）、〈知北遊〉「齧缺問道乎被衣」（頁737）、〈徐無鬼〉「齧缺遇許由」（頁861））

11. 蒲衣子
　〈應帝王〉「齧缺因躍而大喜，行以告蒲衣子。」（頁287）

12. 瞿鵲子
　〈齊物論〉「瞿鵲子問於長梧子」（頁97）

13. 長梧子
　〈齊物論〉「瞿鵲子問於長梧子」（頁97）

968）、昭僖侯、子華子（頁969）、楚昭王、屠羊說（頁974）、子貢（頁976、981）、曾子（頁977）、孔子（頁978、981）、顏回（頁978、982）、中山公子牟（頁979）、子路（頁981）、北人無擇（頁984）、湯、桀、伊尹（頁985）、督光（頁986）、伯夷、叔齊（頁987） 〈盜跖〉：孔子、柳下季（頁990）、盜跖（業991）、子張、滿苟得（頁1002） 〈說劍〉：趙文王、太子悝（頁1016） 〈漁父〉：孔子（頁1023）、子貢、子路（頁1023） 〈列禦寇〉：朱泙漫、支離益（頁1046）、曹商（頁1049）、魯哀公（頁1050）、孔子（頁1055）、正考父（業1056） 〈天下〉：墨翟、禽滑釐（頁1072）、相里勤、五侯、苦獲、已齒、鄧陵子（頁1079）、宋鈃、尹文（頁1082）、彭蒙、田駢、慎到（頁1086）、惠施（頁1102）、桓團、公孫龍（頁1111）	**14. 被衣** 〈天地〉「王倪之師曰被衣」（頁415）、〈知北遊〉「齧缺問道乎被衣」（頁737） **15. 許由** 〈逍遙遊〉「堯讓天下於許由」（頁22）、〈大宗師〉「意而子見許由」（頁278）、〈天地〉「堯問於許由曰」（頁416）、〈徐無鬼〉「齧缺遇許由」（頁861）、〈外物〉「堯與許由天下，許由逃之」（頁943～944）、〈讓王〉「堯以天下讓許由，許由不受」（頁965）、〈盜跖〉「善卷、許由得帝而不受」（頁1011） **16. 伯成子高** 〈天地〉「堯授舜，舜授禹，伯成子高辭為諸侯而耕」（頁423） **17. 廣成子** 〈在宥〉「黃帝立為天子十九年，令行天下，聞廣成子在空同之上，故往見之，曰」（頁379） **18. 南郭子綦** 〈齊物論〉「南郭子綦隱机而坐，仰天而噓，荅焉似喪其耦。顏成子游立侍乎前」（頁43）、〈人間世〉「南伯子綦遊乎商之丘」（頁176）、〈寓言〉「顏成子游謂東郭子綦曰」、〈徐無鬼〉「南伯子綦隱几而坐，仰天而噓。顏成子入見曰」（頁848） **19. 顏成子游** 〈齊物論〉「顏成子游立侍乎前」、〈徐無鬼〉「顏成子入見曰」（頁848）、〈寓言〉「顏成子游謂東郭子綦曰」（頁956） **20. 蘧伯玉** 〈人間世〉「顏闔將傅衛靈公大子，而問於蘧伯玉曰」（頁164）、〈則陽〉「蘧伯玉行年六十而六十化」（頁905）

21. 王駘

〈德充符〉「魯有兀者王駘，從之遊者與仲尼相若。」（頁 187）

22. 伯昏無人

〈德充符〉「申徒嘉，兀者也，而與鄭子產同師於伯昏無人。」（頁 196）、〈田子方〉「列禦寇爲伯昏無人射」（頁 724）、〈列禦寇〉「列禦寇之齊，中道而反，遇伯昏無人」（頁 1036）

23. 叔山無趾

〈德充符〉「魯有兀者叔山無趾，踵見仲尼。」（頁 202）

24. 支離無脤

〈德充符〉「闉跂支離無脤説衛靈公曰」（頁 216）

25. 申徒嘉

〈德充符〉「申徒嘉，兀者也，而與鄭子產同師於伯昏無人」（頁 196）

26. 閔子

〈德充符〉「哀公異日以告閔子曰」（頁 216）

27. 南伯子葵

〈大宗師〉「南伯子葵問乎女偊曰」（頁 251）

28. 子桑戶

〈大宗師〉「子桑戶、孟子反、子琴張三人相與友」（頁 264）、「莫然有閒而子桑戶死，未葬。孔子聞之」（頁 266）

29. 孟子反

〈大宗師〉「子桑戶、孟子反、子琴張三人相與友」（頁 264）

30. 子琴張

〈大宗師〉「子桑戶、孟子反、子琴張三人相與友」（頁 264）

		31. 意而子 〈大宗師〉「意而子見許由。」（頁287）
		32. 壺子 〈應帝王〉「列子與之見壺子」（頁299）
		33. 列子 〈逍遙遊〉「夫列子御風而行」、〈應帝王〉「列子見之而心醉，歸，以告壺子」（頁297）、〈至樂〉「列子行食於道從，見百歲髑髏」（頁623）、〈達生〉「子列子問關尹曰」（頁633）、〈田子方〉「列禦寇爲伯昏無人射」（頁724）、〈讓王〉「子列子窮，容貌有飢色」（頁973）、〈列禦寇〉「列禦寇之齊，中道而反，遇伯昏瞀人」（頁1036）
		34. 華封人 〈天地〉「堯觀乎華。華封人曰」（頁420）
		35. 季徹 〈天地〉「將閭葂見季徹曰」（頁430）
		36. 門無鬼 〈天地〉「門無鬼與赤張滿稽觀於武王之師。」（頁444）
		37. 赤張滿稽 〈天地〉「門無鬼與赤張滿稽觀於武王之師。」（頁443）
		38. 士成綺 〈天道〉「士成綺見老子而問曰」（頁481）
		39. 巫咸詔 〈天運〉「巫咸詔曰」（頁496）
		40. 子扁慶子 〈達生〉「有孫休者，踵門而詫子扁慶之曰」（頁663）

41. **市南宜僚**
〈山木〉「市南宜僚見魯侯」（頁671）、〈徐無鬼〉「仲尼之楚，楚王觴之，孫叔敖執爵而立，市南宜僚受酒而祭曰」（頁850）、〈則陽〉仲尼曰：「……是其市南宜僚邪？」（頁895）

42. **北宮奢**
〈山木〉「北宮奢爲衛靈公賦斂以爲鐘，爲壇乎郭門之外，三月而成上下之縣。」（頁676）

43. **太公任**
〈山木〉「孔子困於陳蔡之間……太公任往弔之」（頁680）

44. **子桑雽**
〈山木〉「孔子問於子桑雽」（頁684）

45. **田子方**〔註3〕
〈田子方〉「田子方侍坐於魏文侯」（頁701）

46. **谿工**
〈田子方〉「田子方侍坐於魏文侯，數稱谿工」（頁701）

47. **溫伯雪子**
〈田子方〉「溫伯雪子適齊，舍於魯。」（頁704）

〔註 3〕　依據《呂氏春秋・仲春紀・當染》的記載，子貢、子夏、曾子學於孔子，田子方學於子貢，段干木學於子夏，吳起學於曾子。禽滑黎學於墨子，許犯學於禽滑黎，田繫學於許犯。孔、墨之後學顯榮於天下者眾矣，不可勝數，皆所染者得當也。〔先秦〕呂不韋撰，許維遹集釋：《呂氏春秋集釋（上冊）・卷二・當染》，頁17。然戰國時期諸子師事某家學術，最後自己的價值取向未必即是該學術的繼承者，亦有站在該學術對立面者，如墨子即是如此，荀子弟子韓非、李斯亦是如此。故田子方於其學的歷史記載雖爲儒家，然而於《莊子》一書中紀錄其答魏文侯的思想「人貌而天虛，緣而葆眞，清而容物」屬於道家的思想，又於《莊子》一書中記載其師爲東郭順子，屬於道家人物，故於此判爲巵言人物。又有言莊子思想出於儒家田子方，此說論據不足，無法成立。詳細考辨見簡光明：〈莊子思想源於田子方說辨析〉，《鵝湖月刊》第十九卷第十期（1994年），頁28～31。

48. 東郭順子

〈田子方〉「曰：『子之師誰邪？』子方曰：『東郭順子。』」（頁702）

49. 臧丈人

〈田子方〉「文王欲舉而授之政，……寓而政於臧丈人……」（頁720）

50. 孫叔敖

〈田子方〉「肩吾問於孫叔敖」（頁726）、〈徐無鬼〉「孫叔敖執爵而立」（頁850）

51. 老龍吉

〈知北遊〉「妸荷甘與神農同學於老龍吉」（頁754）

52. 弇堈

〈知北遊〉「弇堈弔聞之，曰」（頁755）

53. 庚桑楚

〈庚桑楚〉「老聃之役有庚桑楚者，偏得老聃之道」（頁769）

54. 徐無鬼

〈徐無鬼〉「徐無鬼因女商見魏武侯」（頁818）

55. 南榮趎

〈庚桑楚〉「南榮趎蹴然正坐曰……庚桑子曰」（頁777）、〈庚桑楚〉「南榮趎贏糧，七日七夜至老子之所。」（頁780）、〈庚桑楚〉「南榮趎請入就舍，召其所好，去其所惡，十日自愁，復見老子」（頁783）

56. 則陽

〈則陽〉「則陽游於楚，夷節言之於王」（頁876）

57. 公閱休

〈則陽〉「王果曰：『我不若公閱休。』」（頁877）

		58. 容成氏 〈則陽〉「容成氏曰：」（頁 884） 59. 戴晉人 〈則陽〉「惠子聞之而見戴晉人」（頁 891） 60. 長梧封人 〈則陽〉「長梧封人問子牢曰」（頁 897） 61. 柏矩 〈則陽〉「柏矩學於老聃」（頁 900） 62. 大公調 〈則陽〉「少知問於大公調曰」（頁 909） 63. 伯常騫 〈則陽〉「仲尼問於大史大弢、伯常騫、狶韋曰」（頁 906） 64. 老萊子 〈外物〉「老萊子之弟子出薪，遇仲尼」（頁 928） 65. 顏闔 〈人間世〉「顏闔將傅衛靈公大子，而問於蘧伯玉曰」、〈達生〉「顏闔遇之」（頁 661）、〈讓王〉「魯君聞顏闔得道之人也」（頁 970）、〈列禦寇〉「魯哀公問乎顏闔曰」（頁 1050） 66. 原憲 〈讓王〉「原憲居魯」（頁 976） 67. 瞻子 〈讓王〉「中山公子牟謂瞻子曰」（頁 979）

參考及徵引書目

一、專著部分

（一）古籍（依朝代順序排列）

1. 〔先秦〕老子著,〔明〕焦竑:《老子翼》,《無求備齋老子集成初編》第十一函第六冊,台北:藝文印書館,1965年。

2. 〔先秦〕莊子著,〔清〕郭慶藩集釋,王孝魚整理:《莊子集釋》,台北:萬卷樓,1993年3月初版二刷。

3. 〔先秦〕莊子著,陳鼓應註譯:《莊子今註今譯(上、下)》,台北:台灣商務印書館,2000年12月修訂版二刷。

4. 〔先秦〕莊子著,方勇、陸永品詮評:《莊子詮評》,成都:四川出版,2007年5月二版一刷。

5. 〔先秦〕荀子著,李滌生集釋:《荀子集釋》,台北:台灣學生書局,1979年2月初版。

6. 〔先秦〕荀子著,〔清〕王先謙集解:《荀子集解》,台北:世界書局,1977年10月九版。

7. 〔先秦〕管子著,尹知章注,戴望校正:《管子校正》,台北:世界書局,1981年5月五版。

8. 〔先秦〕呂不韋著,許維遹集釋:《呂氏春秋集釋(上、中、下冊)》,台北．世界書局,1988年4月四版。

9. 〔先秦〕尸子,水渭松注譯:《新譯尸子讀本》,台北:三民書局,1997年1月初版。

10. 〔先秦〕韓非著,陳奇猷集釋:《韓非子集釋》,台北:世界書局,1981年3月三版。

11. 〔漢〕劉向集錄:《戰國策》,台北:里仁書局,1990年9月初版。

12. 〔漢〕劉安編，〔漢〕高誘注：《淮南子注》，台北：世界書局，1977 年 3 月七版。

13. 〔漢〕司馬遷，〔劉宋〕裴駰集解，〔唐〕司馬貞索隱，〔唐〕張守節正義：《史記》，北京：中華書局，1997 年 9 月。

14. 〔漢〕班固，陳國慶編：《漢書藝文志注釋彙編》，台北：木鐸出版社，1983 年 9 月初版。

15. 〔漢〕許慎著：《說文解字》，北京：中華書局，2003 年。

16. 〔漢〕應劭：《風俗通義》，板橋：藝文印書館，1966 年。

17. 〔漢〕桓寬撰，王利器校注，王佩諍札記：《鹽鐵論校注札記》，台北：世界書局，1979 年 6 月三版。

18. 〔北齊〕顏之推撰，王利器集解：《顏氏家訓集解》，台北：明文書局，1990 年 3 月。

19. 〔唐〕陸德明著：《經典釋文》，台北：鼎文書局，1991 年 3 月。

20. 〔宋〕朱熹著：《四書章句集注》，高雄：復文圖書，1985 年 9 月初版。

21. 〔宋〕熙時子注，〔清〕李調元編纂：《孟子外書四篇／金華子雜編二卷》，台北：宏業書局，1972 年 4 月初版。

22. 〔清〕王夫之：《莊子解》，北京：中華書局，2010 年 1 月初版二刷。

23. 〔清〕汪中著：《荀卿子年表》，《北京圖書館藏珍本年譜叢刊第五冊》，北京：北京圖書館，1999 年，民國十四年影印本，頁 612～613。

24. 〔清〕俞樾著：《諸子平議》，台北：世界書局，1991 年 9 月。

25. 〔清〕章學誠著：《文史通義校注》，北京：中華書局，2005 年 11 月。

26. 〔清〕嚴可均編：《全上古三代秦漢三國六朝文（第一冊）》，台北：世界書局，1969 年 8 月三版。

（二）專書（依作者筆畫排列）

1. 方東美著：《原始儒家與道家哲學》，台北：黎明文化，1985 年 11 月。

2. 王叔岷著：《莊學管闚》，台北：藝文印書館，1978 年 3 月。

3. 王叔岷著：《先秦道法思想講稿》，台北：中央研究院中國文哲研究所，1992 年 5 月初版。

4. 王志楣著：《莊子生命情調的哲學詮釋》，台北：里仁書局，2008 年 9 月初版。

5. 王邦雄著：《儒道之間》，台北：漢光文化，1994 年 12 月。

6. 王蘧常著：《諸子學派要詮》，香港：中華書局上海書店，1987 年 12 月。

7. 王健文著：《戰國諸子的古聖王傳說及其思想史意義》，台北：國立台灣大學出版社，1987 年 6 月初版。

8. 白奚著：《稷下學研究》，北京：三聯書店，1998 年 9 月。

9. 牟宗三著：《名家與荀子》，台北：台灣學生書局，1994 年 8 月初版五刷。

10. 牟宗三講述，陶國璋整構：《莊子齊物論義理演析》，台北：書林出版公司，1999 年 4 月一版。

11. 牟宗三著：《中國哲學十九講》，上海：上海古籍出版社，1997 年 12 月。

12. 牟宗三著：《理則學》，台北：正中書局，1975 年 10 月。

13. 池田知久著，黃華珍譯：《《莊子》——「道」的思想及其演變》，台北：國立編譯館，2001 年 12 月初版。

14. 周天令著：《荀子天人思想研究》，嘉義：南北出版社，1988 年 4 月初版。

15. 周群振著：《荀子思想研究》，台北：文津出版社，1987 年 4 月初版。

16. 金白鉉著：《莊子哲學中「天人之際」研究》，台北：文史哲出版社，1986 年 8 月初版。

17. 封思毅著：《莊子詮言》，台北：台灣商務，1997 年 5 月二版一刷。

18. 胡楚生著：《老莊研究》，台北：臺灣學生書局，1992 年 10 月初版。

19. 徐漢昌著：《先秦學術問學集》，高雄：復文圖書，2006 年 4 月初版。

20. 徐德庵著：《莊子連詞今訓》，台北：樂天出版社，1970 年 5 月初版。

21. 韋政通著：《荀子與古代哲學》，台北：台灣商務，1997 年 4 月二版二刷。

22. 馬敍倫著：《莊子年表》，《北京圖書館藏珍本年譜叢刊第五冊》，北京：北京圖書館出版社，1999 年。

23. 高正著：《《荀子》版本源流考》，北京：中國社會科學出版社，1992 年 4 月初版一刷。

24. 高柏園著：《莊子內七篇思想研究》，台北：文津出版社，1992 年 4 月初版。

25. 袁宙宗著：《莊子學說體系闡微》，台北：黎明文化事業股份有限公司，1974 年 1 月初版。

26. 唐端正著：《先秦諸子論叢》，台北：東大圖書有限公司，1981 年 5 月初版。

27. 唐端正著：《先秦諸子論叢（續編)》，台北：東大圖書有限公司，1983 年 4 月初版。

28. 黃錦鋐著：《莊子及其文學》，台北：東大圖書有限公司，1977 年 7 月初版。

29. 陳品卿著:《莊學新探》,台北:文史哲出版社,1997 年 8 月增訂再版三刷。

30. 陳德和著:《從老莊思想詮話莊書外雜篇的生命哲學》,台北:文史哲出版社,1993 年 10 月初版。

31. 陳鼓應:《管子四篇詮釋──稷下道家代表作》,台北:三民書局,2003 年 2 月初版一刷。

32. 陳麗桂著:《戰國時期的黃老思想》,台北:聯經出版社,1991 年 4 月初版。

33. 梁啓超著:《荀子評諸子語彙釋》,《無求備齋荀子集成》第三十九冊,台北:成文,1977 年。

34. 張成秋著:《莊子篇目考》,台北:台灣中華書局,1971 年 7 月初版。

35. 崔大華著:《莊學研究》,北京:人民出版社,1997 年 5 月初版三刷。

36. 傅斯年著:《性命古訓辨證》,桂林:廣西師範大學出版社,2006 年 10 月初版。

37. 傅斯年著:《中國古代與思想與學術十論》,桂林:廣西師範大學出版社,2006 年 10 月初版。

38. 趙士林著:《荀子》,台北:東大圖書,1999 年 6 月。

39. 馮友蘭著:《中國哲學史新編(第一冊)》,台北:藍燈文化,1991 年 12 月初版。

40. 馮友蘭著:《中國哲學史新編(第二冊)》,北京:人民出版社,1984 年 10 月初版。

41. 曹受坤著:《莊子哲學》,台北:文景書局,2002 年再版。

42. 錢穆著:《中國思想史》,台北:臺灣學生書局,1980 年 9 月。

43. 錢穆著:《先秦諸子繫年》,北京:商務印書館,2005 年一版三刷。

44. 錢基博著:《讀莊子天下篇疏記》,台北:台灣商務,2006 年 5 月二版一刷。

45. 劉笑敢著:《莊子哲學及其演變》,北京:中國社會科學出版社,1993 年 3 月一版一刷。

46. 劉榮賢著:《莊子外雜篇研究》,台北:聯經出版,2004 年 4 月初版。

47. 鮑國順著:《荀子學說析論》,台北:華正書局,1982 年 6 月初版。

48. 龍宇純著:《荀子論集》,台北:台灣學生書局,1987 年 4 月初版。

49. 嚴靈峰著:《無求備齋學術論集》,台北:中華書局,1969 年 6 月初版。

50. 顧俊編:《莊子研究論集新編》,台北,木鐸出版社,1985 年 9 月初版。

51. 顧實著:《莊子天下篇講疏》,台北:台灣商務,1981 年 12 月台二版。

二、學位論文、期刊論文、會議論文 (依作者筆畫排列)

(一) 學位論文

1. 汪培：《《莊子·天下》篇研究》，華東師範大學中國語言文學系碩士論文，2008 年。

2. 李瑩瑜：《荀子內聖外王思想研究》，國立中興大學中國文學系碩士論文，2002 年。

3. 邱茂波：《從「內聖外王」論莊子哲學及其重要詮釋》，中國文化大學哲學研究所博士論文，2002 年。

4. 周天令：《荀子字義疏證》，國立高雄師範大學中國文學研究所碩士論文，1985 年。

5. 邱惠聆：《《莊子》內篇及外雜篇修養論之比較研究》，淡江大學中國文學系碩士論文，2000 年。

6. 吳竣傑：《荀子批判諸子之研究》，國立中正大學中國語文學系碩士論文，2006 年。

7. 吳靜如：《荀子思想中人格的實踐與開拓》，國立政治大學中國文學研究所碩士論文，1988 年。

8. 段海寶：《《莊子》書中的先秦諸子形象》，中央民族大學哲學與宗教學系，碩士論文 2006 年。

9. 洪永松：《荀子對諸子之評論方法研究》，中國文化大學哲學研究所碩士論文，2004 年。

10. 洪景潭：《莊子語言觀點之探討》，國立台灣大學中國文學研究所碩士論文，1997 年。

11. 徐聖心：《莊子「三言」的創用及其後設意義》，國立台灣大學中國文學研究所博士論文，1997 年。

12. 陳佩君：《先秦道家的心術與主術》，國立臺灣大學哲學研究所博士論文，2007 年。

13. 柳熙星：《荀子論禮的價值根源研究》，東海大學哲學研究所碩士論文，1992 年。

14. 柳熙星：《荀子哲學的秩序性建構及其困境》，東海大學哲學研究所博士論文，1998 年。

15. 黃漢青：《莊子內篇及外雜篇比較研究》，中國文化大學哲學研究所博士論文，1992 年。

16. 黃淑灌：《荀子非十二子篇辯證》，國立臺灣師範大學國文學系碩士論文，1965 年。

17. 楊日出：《莊子天下篇研究》，國立高雄師範大學中國文學研究所碩士論

文，1979 年。

18. 劉鷪季：《荀子道德哲學之研究》，國立台灣大學哲學研究所碩士論文，1973 年。

19. 簡淑慧：《從分字論荀子思想之基礎》，國立政治大學中國文學研究所碩士論文，1988 年。

20. 謝仲明：《荀子非十二子篇中禮之思想》，東海大學哲學系碩士論文，1996 年。

21. 謝君萍：《莊子後學與《老子》、黃老之學關係研究》，國立中山大學中國文學研究所碩士論文，2007 年。

（二）期刊論文

1. 王邦雄：〈由老莊道家析論荀子的思想性格〉，《鵝湖學誌》第二十七期（2001 年 12 月），頁 1〜31。

2. 王邦雄：〈老莊道家論齊物兩行之道〉，《鵝湖學誌》第三十期（2003 年 6 月），頁 43〜65。

3. 伍振勤：〈兩種「通明意識」——莊子、荀子的比較〉，《漢學研究》第二十一卷第二期（2003 年 12 月），頁 1〜29。

4. 杜保瑞：〈莊子〈齊物論〉的命題解析與理論架構〉，《哲學與文化》第三十三卷第七期（2006 年 7 月），頁 65〜79。

5. 李師美燕：〈孔、孟、荀三子對於「欲」的省察與對治之道〉，《中正中文學報年刊》第三期（2000 年 9 月），頁 59〜82。

6. 李師美燕：〈析論《莊子》〈齊物論〉：由「相對」通達「絕對」的辯證思維與詭辭語言——兼與〈秋水篇〉作一比較〉，《國立屏東師範學院屏東師院學報》第九期（1996 年），頁 345〜370。

7. 李師美燕：〈從「莊周夢蝶」論莊子的「物化」觀〉，《國立屏東師範學院屏東師院學報》第十期（1997 年），頁 355〜370。

8. 赤塚忠著，佐藤將之、洪嘉琳譯：〈《莊子》中的《管子》心術系統學說〉，《哲學與文化》第三十三卷第七期（2006 年 7 月），頁 3〜28。

9. 何炳棣：〈從莊子《天下》篇首解析先秦思想中的基本關懷〉，《中央研究院歷史語言研究所集刊》（2007 年 3 月），第七十八本第一分，頁 1〜34。

10. 周羣振：〈荀子之心術觀與性惡觀——由孔孟學統對較下顯見底荀子心性思想之實指〉，《孔孟學報》第三十一期（1976 年 4 月），頁 181〜216。

11. 柳存仁：〈道家與道術〉，《中國文哲研究集刊》第十一期（1997 年 9 月），頁 137〜163。

12. 施之勉：〈荀卿五十爲齊稷下學士〉，《大陸雜誌》第四十五卷第二期，頁 40。

13. 郭齊勇：〈《尸子‧廣澤》、《莊子》‧天下〉、《荀子‧非十二子》、《呂氏春秋‧不二》中的真理史觀的異同〉，《中國文化月刊》第一百三十四期（1979 年 11 月 1 日），頁 4～19。

14. 陳修武：〈「學術」與「道術」——兼論孔孟「學術」特質〉，《孔孟月刊》第二十三卷第三期（1984 年 11 月），頁 3～5。

15. 項退結：〈心術與心主之間——儒家道德哲學的心理層面〉，《哲學與文化》第十二卷第九期（1985 年 9 月），頁 593～604。

16. 張亨：〈荀學與老莊〉，《思與言》第五卷第四期（1967 年 11 月），頁 14～17。

17. 張亨：〈先秦思想中兩種對語言的省察〉，《思與言》第八卷第六期（1972 年 3 月），頁 283～292。

18. 張亨：〈荀子對人的認知及其問題〉，《台灣大學文史哲學報》第二十期（1971 年 6 月），頁 175～217。

19. 裘錫圭：〈說「建之以常無有」〉，《復旦學報》（社會科學版），2009 年第一期，頁 1～11。

20. 趙濤：〈《莊子‧天下》篇的成文年代、立場及主旨新探〉，《學術論壇理論月刊》第四期（2007 年），頁 5～57。

21. 鄭良樹：〈《荀子‧非十二子》「子思、孟軻」條非附益辨〉，《故宮學術季刊》第十四卷第三期（1997 年），頁 65～74。

22. 廖名春：〈《荀子》各篇寫作年代考〉，《哲學研究》1990 年復刊，頁 52～57。

23. 簡光明：〈莊子思想源於田子方說辨析〉，《鵝湖月刊》第十九卷第十期（1994 年），頁 28～31。

24. 簡光明：〈孟子何以未曾批判莊子？〉，《孔孟月刊》第四十五卷第三、四期（2006 年），頁 30～35。

25. 謝大寧：〈齊物論釋（上）〉，《鵝湖月刊》第二十卷第一期（1994 年 7 月），頁 45～49。

26. 謝大寧：〈齊物論釋（中）〉，《鵝湖月刊》第二十卷第二期（1994 年 8 月），頁 44～49。

27. 謝大寧：〈齊物論釋（下）〉，《鵝湖月刊》第二十卷第四期（1994 年 10 月），頁 44～50。

（三）會議論文

1. 何志華：〈荀卿部分論說源出辯莊證〉，《莊子國際學術研討會論文集》，華東師範大學，11 月 7 日～10 日，頁 265～273。

附錄四：張湛《列子注》中的道器論

張尉聖*

摘　要

　　張湛在東晉玄學中以綜合整個魏晉貴無與崇有的理論成為貴虛論，使其從體系上看似乎具有矛盾性，然而學者不論褒貶其學說，各家都注意到張湛所具有的融通各家的思維方式。本文便想從「道器」關係試圖架構張湛的玄學體系，分析張湛在注文中同時設立道論與器論的最高範疇，並以形而上學方式，在東晉時期對整個魏晉玄學做了一次「器如何歸於道」的形上思索。從分析後可以發現，張湛的玄學雖然在型態上為老子式的「道先器後」說，然從「道體」的角度看，「太虛之域」以形上本體的「無」（太易）的凝虛不變保證了「動用之域」產生現象世界的「有」與「變」。而「道」運通的「有」在落實在「動用之域」的萬物中時，同時具備「體」、「用」觀點，即在「器論」的角度看，現象本體的「機」是落實在「物」上，形成「物職」；而「道體」是落實在「心」上，也就是「心」通於「無」（至虛），形成「聖職」，心物都隱含在「動用之域」的「器」中，從中可以看出張湛從「道」、「器」的架構中，完成了「有」、「無」範疇向「心」、「物」範疇轉化的形上思維。

關鍵詞：張湛、列子注、道器論、太虛之域、動用之域

---

*作者為中正大學博士生。

一、緒　論

　　魏晉玄學以《老子》、《莊子》、《周易》為三玄，重要玄學方法都由這三部經典中詮釋而出。東晉玄學承接著正始玄學的脈絡，在經歷魏晉玄學的高峰正始、竹林、元康時期後，玄學在方法學的意義上，整個東晉玄學體系可以視為對正始玄學方法的繼承與發展，特別在王弼注《老》並以老學中貴無的觀點詮釋《易經》的方法下，從「言意之辨」的脈絡發展，東晉的玄言交涉不僅牽涉到玄學在自然與名教的體用本末問題面對佛家的解脫思想，繼而重新開展與思考，也在整個時代風氣的轉變中，隱含著魏晉玄學對「道器」的重新思考，特別在張湛所處的東晉玄佛交涉中，對比「玄智」與「般若」所具備的「道器」型態更具有重要的意義。現以表一整理魏晉時期以「道」、「器」關係分析的流派：〔註1〕

時　期	人　物	自然觀	道器關係
正始	夏侯玄、何晏、王弼	老子式	道體器用（自然為名教之本）
竹林	阮籍、嵇康、山濤、向秀、劉伶、阮咸、王戎	莊子式	道體器用（越名教而任自然）
中朝（元康）	裴楷、樂廣、王衍、庾敳、王承、阮瞻、衛玠、謝鯤	莊子式	器體道用（名教中自有樂地）
永嘉	向秀、郭象（湯用彤將向秀與郭象思想的型態視為崇有的發展）	莊子式	道不離器（名教合於自然）
東晉	張湛、玄佛交涉（支遁、僧肇）	由莊而老（正始老學）的回歸	道器玄離（名教以歸於自然為本）

　　晉司馬睿的丞相王導（276～339）：「過江左，止道聲無哀樂、養生、言盡意，三理而已。」〔註2〕以「聲無哀樂」、「養生」、「言盡意」作為玄談的命

〔註1〕　【東晉】袁宏《名士傳》將曹魏正始以降的名士分為三個時期。周大興在《東晉玄學論集—自然・名教・因果》一書中的〈緒論〉與第三章〈玄與重玄：孫盛對《老子》的批判與詮釋〉引湯用彤〈魏晉思想的發展〉一文中的分法，加入東晉成為四個時期，高晨陽在〈論魏晉玄學派別之別與階段之分〉（《山東大學學報〔哲社版〕》〔1994年第4期〕，頁1～5）認為應該加入玄佛交涉，成為五個時期，在東晉筆者認為要加入張湛作為後玄學面對佛家談玄的發展情況。

〔註2〕　【南朝・宋】劉義慶撰，徐震堮校箋：《世說新語校箋》（北京：中華書局，2004年），上冊，頁114。

題，特別在「言盡意」的部分，更揭示了東晉在方法學在仍延續著言意之辨的玄言脈絡作為思辨的方法。

魏晉玄學建立的方法學，以正始玄學的王弼採用《周易‧繫辭上》的言不盡意之說，主張「得意忘象」、「得象忘言」認為言詞在表達思想上有其侷限性，無法充分表達思想的真實。

從此以後「言意問題」一直是玄學方法學的重要脈絡，王弼以體用去詮釋名教與自然，歐陽建以「言盡意」的可能性去反駁王弼，直到郭象提出跡冥圓會通儒道，成為魏晉玄智的模型。對比佛家的格義方法學，在東晉玄佛交涉中，雙方都以「詭辭為用」的玄言方式來詮釋彼此的思想，並且也互相借用對方的觀念格義自身的思維。

由「言意問題」延伸而出，王弼經由體用關係探究現象層之外，關於如何體證「超知性層」的辯證法，是以「詭辭為用」的方法作為解析「超知性層」內涵的手段。關於這個部分牟宗三以分解說與非分解說來解析「觀冥」、「觀跡」、「觀跡冥圓」在方法學上的意涵，〔註3〕「觀冥」與「觀跡」屬於分解說，可以用「道論」與「器論」名之，只對於現象層與超知性層分別就其性質所作的純粹普遍性的表述，故以「抽象」名之，因為牽涉到主體的表述作用，作為概念使用的「物」與「名」之間會產生「對象」與「指稱」的詮釋問題，從而在「言」與「意」之間會形成「表述」與「思維」的關係，都屬於言意之辨的範疇。魏晉玄學就命題不斷論辯的關鍵所在，便是因為方法學上對於名學概念的建立與探索。

至於「觀跡冥圓」則同時看現象層與超知性層的作用關係，將現象層中使用「知性」建立的「言意功能」，用以解說「跡」與「冥」的作用與本質的各自關係，在詮釋「冥」時，更使用詭辭為用的遮撥方式，去表述「知性」不可表述的「超知性層」的內涵，從可道可名的現象界到不可道不可名的超知性層的道體，要進一步表述兩者間本質與作用的關係時，便要同時指涉現象層與道體層，出入於「客觀實有」與「主觀境界」之間，郭象便是以道器不離的形上學方法建構成跡冥圓的體系，以「詭辭為用」的玄言表述。但在張湛的《列子注》中，是更進一步的在這種「跡冥圓」形上建構中，在道體中設立「動用之域」作為「有」即器用的範疇，並以「太虛之域」為「無」

〔註3〕 見牟宗三：《才性與玄理》（台北：台灣學生書局，2002 年 8 月修訂版），頁 193。

的根源，即終極的道體範疇，張湛以「至虛」名之，形成張湛的方法學。整個魏晉玄學的方法可以用「道器關係」〔註4〕來作爲分解，如表二：

方法名稱	意　義	作用層
觀冥	抽象地單顯冥體之自己，此爲內域（無）。	超知性層（道體，應然）。
觀跡	抽象地單顯具體之散殊，此爲外域（有）。	現象層（器用，實然）。
觀跡冥圓	冥體之普遍是具體之普遍，迹用之散殊是普遍之散殊。	超知性層與現象層的玄同（道器玄合，體用合一）。

　　東晉繼承正始以來的玄學方法，張湛在方法上的發展是不是具有更進一步的思索。盧桂珍分析張湛注文殊常出現以空間概念凸顯「道」、「器」之別的作法，以「動用之域」指稱形下世界；以「太虛之域」指稱形上本體，其認爲張湛這種「道」、「器」分別的作法，產生二元對立，張湛並未在義理層次上統合二者。〔註5〕

　　本文便是要商榷張湛在義理上並非沒有統合「道」、「器」二者，繼而形成二元的對立的情形。方法上將分析張湛形上體系的道器論，觀察《列子注》中使用具有空間性的「太虛之域」與「動用之域」這樣特殊且兼具範圍的概念，是否爲了將「道」與「器」兩者建構爲整體的形上體系，從而解決東晉玄學面對佛學所質疑的問題，即郭象道器玄合無因有果的矛盾。

二、張湛及《列子注》的關係

　　張湛，字處度，曾爲中書侍郎，祖籍爲魏晉時期山陽郡高平縣人。其人精通醫術，范寧曾因眼疾就其求方，張湛答以延年養生的方法。〔註6〕其人好

〔註4〕　「道」、「器」概念是根據《易‧繫辭傳上》「形而上者謂之道，形而下者謂之器」而來，根據黃慶萱的分析這兩個概念，對天象地形向上歸納抽繹，得到陰陽和合這種宇宙終極的抽象原理，就是「道」；由此天象地形向下落實，陰陽交感，化育成具體的事物叫做「器」。「形」是天象地形的省稱。詳見黃慶萱：〈「形而上者謂之道‧形而下者謂之器」析議〉，《中國學術年刊》第 26 期（1994 年 9 月），頁 2。這是《周易》在言意之辨的方法外，其書整體上更隱含對道器關係的思索，而《周易》是魏晉時代清談的三玄之一，由此去看張湛在東晉玄學中對道器的思考，可以更精確的掌握東晉玄學在方法學上的成就，因各學者不論視其「嚴重矛盾」或「辯證圓滿」，都看會出其在注中具有「融通」傾向的方法意涵。

〔註5〕　盧桂珍：〈張湛宇宙觀辨析〉，《哲學與文化》（2004 年 3 月），第 31 卷，頁 165。

〔註6〕　張湛嘲古代學術有成的人都因目疾而要傳此養生之方，如魯東門、左邱明、

於齋前種松柏，養鴝鵒，時人謂爲「屋下陳尸」，可見其人特殊的行事風格。〔註7〕著作除《列子注》外，有《養生要集》十卷、《延年秘錄》十二卷，〔註8〕然只有《列子注》流傳至今。〔註9〕

張湛〈列子序〉概括《列子》一書主旨認爲：

> 其書大略明群有以至虛爲宗，萬品以終滅爲驗；神惠以凝寂常全，想念以著物自喪；生覺與化夢等情，巨細不限一域；窮達不假智力，治身貴于肆任；順性則所之皆適，水火可蹈；忘懷則無幽不照。此其旨也。然所明往往與佛經相參，大歸同於老莊，屬辭引類特與《莊子》相似。〔註10〕

由此張湛提出《列子》一書中所處理的爲群有萬品現象世界存在的本體問題，並且有生覺與化夢等情，治身貴於肆任是對於人生觀的思考，即反映了東晉玄學由本體論向人生論發展，〔註11〕然而在張湛的思考中，更是在東晉方法學的意義下，從道體與現象的討論，以最高範疇去看，對「形上世界」（道）與「現象世界」（器）立了「太虛之域」與「動用之域」的概念，探討其道器

鄭康成、左太沖等。並以養生之方答范寧，得此方云：「用損讀書一，減思慮二，專内視三，簡外觀四，旦晚起五，夜早眠六。凡六物，熬以神火，下以氣筵，蘊於胸中七日，然後納諸方寸。修之一時，近能數其目睫；遠視尺捶之餘，長服不已，洞見牆壁之外，非但明目，乃亦延年。」可知張湛對於養生與醫術都有所長，並且認爲勤於學問會損害養生。關於此事可見〈晉書·范寧傳〉，引自張湛注，楊伯峻撰：〈張湛事蹟輯略〉，《列子集釋》（台北：明倫出版社，1970年），頁176。

〔註7〕 關於張湛事蹟可見《世說新語·任誕篇》中「任誕篇注引晉東宮官名」條，詳見〈張湛事蹟輯略〉，張湛注，楊伯峻撰：《列子集釋》，頁176。

〔註8〕 關於張湛著作可參見《隋書·經籍志》與《新唐書·藝文志》，參見楊伯峻撰：《列子集釋·張湛事蹟輯略》，頁176。又許抗生書中指出《文選·辨命論》中李善注引用了《莊子》的張湛注，故推測張湛可能注過《莊子》。參見氏著：《魏晉玄學史》（台北：桂冠圖書，1992年），頁210。

〔註9〕 張湛注文作於東晉後期，大約在隆和元年至太元七年（356～382）之間，王曉毅分析當時東晉士族需要一個永恆的「彼岸」世界作爲支撐，來面對現實苦難的。詳見王曉毅：〈張湛玄學的理論創建〉，《哲學研究》第11期（2005年），頁35～36。

〔註10〕 〈張湛列子序〉，張湛注，楊伯峻集釋：《列子集釋》，頁178～179。

〔註11〕 張鴻愷：〈張湛思想述評〉，《鵝湖月刊》第33卷第2期（2007年8月），頁29。封思毅也從注文分析出張湛注側重「變」之諸象以觀列子。封思毅：〈列子張湛注纂要〉，《中國國學》第23卷（1995年11月），頁49。即可看出張湛對於「動用之域」，即現象界的關注。

間的終始關係，〔註12〕從而賦予道家「自然」更多的意涵，在使用上包含了「存在之理」（實然），其中又分「本質」（本然）和「秩序」（必然），於心理狀態（應然）中又分「無爲」的工夫與境界。〔註13〕

　　張湛注文不只在音切與字義的考訂上下工夫，〔註14〕其書大量引用夏侯玄、何晏、王弼、向秀、郭象重要魏晉思想家的著作與說法，〔註15〕又序文指稱可與佛經相參，可知張湛不僅對於魏晉當時注《老》、《莊》的著作有深切的認識，於佛家思想也有所涉獵，〔註16〕所以注文中時都有所取用，又由

〔註12〕　「夫含萬物者，天地；容天地者，太虛。」（〈湯問篇〉，頁93）「夫太虛也，無窮；天地也，有限。以無窮而容有限，則天地未必有形之大者。」（〈湯問篇〉，頁93～94）

〔註13〕　周美吟著：《張湛《列子注》研究》，《國立臺灣師範大學國文研究所集刊》第46號（2002年），頁919。

〔註14〕　根據田永勝的研究，在注釋方法上張湛較多地關注某些字的讀音與訓解，並注重說明列子文本原意的詞彙。田永勝：〈論《列子注》與張湛思想〉，《哲學研究》第1期（1999年），頁28。

〔註15〕　王葆玄認爲張湛企圖融合這些思想，如他講貴無論，「至無者，萬變之宗主也。」（〈天瑞篇注〉）是沿襲何晏、王弼的學說。他講萬物自生，「故有無不相生，理既然矣，則有何由而生？忽爾而自生。」（同上）是沿襲向秀、郭象的命題。他用列子書中的「太虛」來統貫，但結果不理想，見氏著：《玄學通論》（台北：五南，1996年），頁389。馮友蘭更從《列子》一書在〈天瑞篇〉抄了東漢末年的緯書，講宇宙發生論。馮友蘭更從中判定它用的方法不是魏晉時「辨名析理」的方法，所講的問題也不是玄學問題，見氏著：《中國哲學史新編（中卷）》（北京：人民出版社，2004年），頁587。許抗生認爲張湛是調和崇有與貴無兩派思想的玄學，見氏著：《魏晉玄學史》，頁212。

〔註16〕　根據向世陵的分析，其「群有」與「萬品」對舉，繼承自裴頠「崇有」的概念，指現實世界的萬事萬物。「至虛」、「終滅」、「神惠」、「凝寂」多半與佛教概念相關。至於「覺夢」、「順性」則爲莊周到郭象的概念，見氏著：〈張湛「至虛」與有無說〉，《中國哲學史》第2期（2004年），頁43。又根據趙衛東、卞魯曉的分析，「至虛」超越有形之外，是寂然、凝一、元化的本體，參見了佛教的中道義中泯除一切分別，見氏著：〈張湛援佛入玄之「貴虛」論〉，《淮北煤炭師範學院學報（社會科學版）》第28卷第5期（2007年10月），頁47。又牟鍾鑒分析如果貴無論相當於佛學本無宗，獨化論相當於即色宗，張湛的貴虛論便相當於中觀論，因僧肇〈不真空論〉「夫至虛無聲者，蓋是般若玄鑒之妙趣，有物之宗極。」與張湛注的「群有以至虛爲宗」相一致，見氏著：〈《列子》與《列子注》之我見〉，《政大中文學報》第8期（2007年12月），頁29～44。林麗眞也指出湯用彤、湯一介等學者也關注到張湛列子哲學中的「玄佛合流」的面向，並分析太虛之域的「寂然至虛」、「凝一不變」概念用語與般若學之「空」互相呼應，雖然張湛沒有佛家「空性」中沒有實體「因緣和合」的法性觀念，然其於動用之域側重生滅變動不居的角度說明「無常性」

序文中「然所明往往與佛經相參」句可知東晉時期的玄佛交涉時雙方概念與方法上的取用情形，而張湛所採取的是「玄佛互參」立場注解《列子》，特別在對聖人體道問題的思索中可以看出。

三、太虛之域與「道體」層

張湛在《列子注》中思考萬物如何「有」，而「有」以何為本的問題時，同時關注到魏晉玄學有無之辨的傳統說法中，物如何「有」與以何為本的問題，從而提出：

> 夫巨細舛錯，修短殊性，雖天地之大，群品之眾，涉於有生之分，
> 關於動用之域者，存亡變化，自然之符。夫唯寂然凝一而不變者，
> 非陰陽之所終始，四時之所遷革。(〈天瑞篇注〉，頁 1 〔註17〕)

關於「有」的思索張湛吸收裴頠「崇有論」對於眾品如何有生的命題，指天地萬物何以存在的原因；「無」是思考萬物何以具有生滅活動現象的原因。在討論「有」與「無」的關係時，注文中同時注意到王弼與郭象的方法與命題，王弼以體用關係提出的「有以無為本」的貴無論，把世界的存有變化原因歸為「無」，而這作為原因的「無」隱藏於存在的「有」之中，所以具有體與用的關係；與郭象提出「自生獨化」的跡冥圓的獨化說時，是站在現象界「有」的實在，對於「有」的思考，把「有」作為萬物之總名。張湛為了討論「有」、「無」問題，創立了「動用之域」與「太虛之域」的概念名稱。

張湛對於有無關係，〔註18〕便是在這些基礎上進一步提出貴虛論追問

與「終始反復性」，與佛家「諸行無常」、「生死輪迴」、「人世幻化」相近，加上在修行論上的「無心無念」與「寂然凝一」與佛家「定」、「靜」禪法的修為近似，並主張斷滅意慮以得「心之本」，強調「神心獨運」時會有圓通無礙的功能，已經同於佛家的「一心開二門」之說，見氏著：〈張湛「貴虛」論及其與玄佛思想之交涉〉，《台大中文學報》第 15 期（2001 年 12 月），頁 63。蕭登福考辨出列子文中的思想與東晉初流行的佛教般若學具有相符的成分，見氏著：《列子探微》（台北：文津出版社，1990 年），頁 23～48。周紹賢認為仲尼篇中的內觀與佛家的「內證」及「觀心之說」相似，見氏著：《列子要義》（台北：文景出版社，1975 年），頁 12。

〔註17〕 〈天瑞篇注〉，張湛注，楊伯峻集釋：《列子集釋》，頁 1。本文引用《列子注》全據此書，後文僅列篇名及頁數，不重註。

〔註18〕 曾麗蓉分析「無」在張湛的哲學中同時指稱著最高本體的「無」與萬物活動的「無」。曾麗蓉：〈論張湛《列子注》「無」的思想脈絡與兩重意義〉，《東方人文學誌》第 6 卷第 3 期，頁 70～74。

「有」與「無」的最高範疇，[註19] 從中提出「動用之域」作爲「有」的最高範疇；以「太虛之域」作爲「無」的最高範疇，並討論「動用之域」作爲器論的形上概念是以道體的「太虛之域」爲本。張湛以周易術數論中的「易」[註20] 與「機」[註21] 作爲現象世界中「變動之本」與「自然之數」的指稱，在理論上對於有無之辨在注文中予以表述爲：

> 謂之生者，則不無；無者，則不生。故有無之不相生，理既然矣，則有何由而生？忽爾而自生。忽爾而自生，而不知所以生；不知所以生，生則本同於無。本同於無，而非無也，此明有形之自形，無形以相形者也。（〈天瑞篇注〉，頁 4）

> 有之爲有，恃無以生；言生必由無，而無不生有。此運通之功必賴於無，故生動之稱，因事而立爾。（〈天瑞篇注〉，頁 11）

事物的存在條件來自於「動用之域」（有）的生成，而作爲「動用之域」的存在條件即「太虛之域」，以道器關係來看，「動用之域」如果指稱萬物的「如何有」，是屬於器用的範圍；「太虛之域」便是指物體的活動總原理（道）的範圍，因其不會受到現象界生滅變化的影響，所以成爲「動用之域」中決定「終」與「始」變化的本體「至虛」。所以：

> 夫混然未判，則天地一氣，萬物一形，分而爲天地，散而爲萬物，此蓋離合之殊異，形氣之虛實。（〈天瑞篇注〉，頁 19）

張湛分析「動用之域」的存在是根據「太虛之域」作爲道體來保證，因爲天地萬物混然未判時「存在」於「太虛之域」的「無」；當天地萬物形成於「動用之域」時，就是「有」，從「無」到「有」中，「太虛之域」並不具有生成

[註19] 牟鍾鑒分析出張湛提出「至虛」的概念，用以代替「無」就是要將「無」的要義予以展開。其「至虛」並非客觀實體，而是指「以無爲心」，即聖人對群有自然的生化與理解。是一種「境界的形上學」。詳見牟鍾鑒：〈《列子》與《列子注》之我見〉，頁 40。

[註20] 易變而唯一，一變而爲七，自一之九。九數既終，乃復反而爲一。反而爲一，歸於形變之始。此蓋明變化往復無窮極（〈天瑞篇〉，頁 5）。由此可見術數論的部分，林麗眞分析「一」爲元氣之始，「九」指氣變之究：自一至九，氣變至極，乃復反爲一，又歸於形變之始。詳見林麗眞：〈張湛「貴虛」論及其與玄佛思想之交涉〉，頁 76。

[註21] 「萬形萬化而不化者，存歸於不化，故謂之機。機者，群有之始動，動之所宗，故出無入有，散有反無，靡之不由之也。」（〈天瑞篇〉注，頁 11）林麗眞分析「機」原指弓弩發放的重要部分，這裡指發動的樞要，或事情發端的關鍵。林麗眞：〈張湛「貴虛」論及其與玄佛思想之交涉〉，頁 76。

「動用之域」的作用，只是保證「動用之域」中事物生存條件的「運通之功」，〔註22〕而此運通之功以「太易」指稱，真正作為生化的條件是由「動用之域」中的規律所支配，並非於「太虛之域」來生化，然而位於「太虛之域」的「無」保證了「有」，所以便是萬變之宗，張湛以「太易」〔註23〕稱之，認為「太易」是架構在「終」、「始」之間的中介，成為「形與氣的主宰」與「變化運動的根據」〔註24〕，其間的作用等於《易·繫辭》的「太極」與《老子》的「渾淪」，〔註25〕不可感知與智解，是作為萬用動用的本體，具有「不窮滯」的特質，保證萬事萬物處於永恆的終始變化過程，使萬物具有「生者反終」與「形者反虛」的作用，所以「太易」能「凝虛於太虛之域」是歸於最高不變的道體，現將張湛整個「形而上」體系的「道器論」相關概念分析如表三：

形上指稱	現象世界	形上世界
範疇	動用之域（器論）	太虛之域（道論）
概念	生者：太初太始太素（形「形者」）	生「生者」：太易
本體	機（氣形質〔註26〕）	太易（終、始）

〔註22〕 有之為有，恃無以生，言生必由於無，而無不生有。此運通之功必賴於無，故生動之稱，因事而立耳。（天瑞篇注，頁11）張鴻愷分析此「無」只是功能意義上的「本」，萬事萬物的生化存亡是從「事」上來說，生是從「運通之功」的功能意義上說，而不是「生成」義上說。詳見張鴻愷：〈張湛思想述評〉，《鵝湖月刊》第33卷第2期（2007年8月），頁27。封思毅也從張湛注中分析出「無」僅具有「運通」或「冥通」之功。封思毅：〈列子張湛注纂要〉，《中國國學》第23卷（1995年11月），頁44～45。太易（無）在「動」與「生」的注文中具有「運通」的性質。周美吟〈張湛《列子注》研究〉，頁763。

〔註23〕 張湛的「太易」功能同於老子「渾成」、「谷神」與「玄牝」；也同於莊子的「至虛」、「環中」。（〈天瑞篇〉注，頁4）曾麗蓉分析「太易」的特性具有「獨立於物質之外」、「虛無靜寂」、「不可經驗性」、「萬物本源」等特性，又不受現象界的影響，不是陰陽之所終始，非四時之所遷革的，性質等同於「虛」或「無」。曾麗蓉：〈論張湛《列子注》「無」的思想脈絡與兩重意義〉，頁75。

〔註24〕 周美吟分析張湛的天道論的「獨立性」時提出這兩個功能。詳見周美吟：〈張湛《列子注》研究〉，頁739。然而其未分出「至虛之域」作為道體的最高範疇，具有不變甚至無法指涉的「性質」，「太易」作為道器的「中介」才是道的本體概念。

〔註25〕 指萬物相渾淪而未相即。形各有其理。氣與形質未相離，宗本在「太易」。無為之本，無留於一象，無係於一味。又可稱為「至極之域」，即無生無死的理。

〔註26〕 「太初」、「太始」、「太素」盧桂珍分析並非具生滅變化的形器界，而是介於

器用	物（形者，形骸，萬物，天地）	心（方寸）
性質	變動	不變

　　由表格分析後，可以知道張湛玄學的形而上的性格，張湛以道器關係的最高範疇爲「太虛之域」，作爲指稱無限性的「道體」，具有第一因的性質，又稱爲「至虛」，張湛以帶有空間性的思維方式將「道論」的最高範疇命名爲「太虛之域」，這個形上世界以「太易」作爲本體而有「終」、「始」循環，此概念具有直接指稱「存有時間」的效果，決定動用之域的「有」，此「有」並非創生的意思，而是指萬物的有限性時間，是「太易」讓萬物能「運通」於「動用之域」，所以說「太易」能讓現象世界「有」（存有），所以「太易」被稱爲生化之本，具有不變的性質，這個生物之宗具有不被生的屬性，因而是現象之因。而「動用之域」是作爲現象世界的最高範疇，因「器論」中有「太易」作爲現象之因的運通作用，在這變動不居的循環中，萬物在氣形質和合的「機」中（指形形者），能形成「物」（形者），即讓存有成爲實存。以下表顯示萬物由「生」與「形」的整個過程爲：

　　　生「生者」（太虛之域：太易）→生者（形「形者」指動用之域：機（氣形質））→形者（萬物，各有其理）

所以其在〈周穆王篇注〉中說明：

　　　夫生必由理，形必由生。未有有生而無理，有形而無生。生之與形，形之與理，雖精粗不同，而迭爲賓主。往復遷流，未時暫停。是以變動不居，或聚或散。撫之有倫，則功潛而事著；修之失度，則迹顯而變彰。（頁62）

　　　生者必終，生生物者無變化也，安定生死。生於此，死於彼；死於彼，生於此。（〈周穆王篇注〉，頁62）

萬物生命變化，具有往復的關連性。「機」〔註27〕與「太易」便是指自然之數

　　本體層與生滅層的過渡，所以稱之爲創生層，作爲「動用之域」現象之因的「機」（氣、形、質）之本質，以「創生層」命名之，十分貼切。參見盧桂珍：〈張湛宇宙觀辨析〉，頁158。

〔註27〕「夫生死變化，胡可測哉？生於此者，或死於彼；死於彼者，或生於此，而形生之生，未嘗暫無。是以聖人知生不常存，死不永滅，一氣之變，所適萬形。萬形萬化而不化者，存歸於不化，故謂之機。機者，群有之始動，動之所宗，故出無入有，散有反無，靡不由之也。」楊伯峻撰：〈天瑞第一〉注，《列子集釋》，頁11。曾麗蓉認爲「機」與老子的「反」都有發動萬物循環交

與萬變之宗，因爲萬事萬物都處於永恆的「終」、「始」變化中，天地間的事物都無法脫離「生者反終，形者反虛」的變化，其中的「理」（「機」），無終無始，決定「動用之域」中的變化存有，而作爲「太虛之域」的本體「太易」卻是寂然不變的，「太易」作爲形氣之主的作用，僅主掌「動必由之」的運通之功。以下表表示生滅與生生的「動」之過程，並且看出張湛逐漸從「有」、「無」的討論向「心」、「物」範疇轉化，如表四：〔註28〕

本　　體	現象變化	
機	聚者，形實（生，有）	離散（死，物）
太易	散者，虛漠（始，無）	形實（終，心）

總上所述，由此分析兩者的屬性爲：

「機」屬性：形、有、實、散、變動，決定現象界「物」的存在與變化。

「太易」屬性：未終、未有、不變、運通，決定「動用之域」的「有」與「心」的感通於「太虛之域」。

從「太虛之域」性質的分析中，可以知道張湛不止繼承更分解了郭象結合超知性層與現象層的「跡冥圓」的方法學，以「動用之域」中的「機」作爲萬物自因的本體範疇，並以「太虛之域」中的「太易」爲「動用之域」的道體範疇，作爲動用出入於「至虛」的道體，將王弼的貴無以道爲本體的第一因重新納入玄學思考，以解決東晉玄學面對佛學指稱郭象道器玄合無因有果的矛盾，張湛提出「道器玄離，器歸於道」爲萬物自生的根源來安頓玄學的義理。

變的功能，屬於「器」（萬物、現象）。詳見曾麗蓉：〈論張湛《列子注》「無」的思想脈絡與兩重意義〉，頁80～81。又周美吟根據《易‧繫辭》：「幾者，動之微。」指極微細的萬物由之而生的原始物質，較接近張湛以自然之數作爲現象物理的概念。周美吟：〈張湛《列子注》研究〉，頁743。王曉毅認爲同於韓康伯的「幾者，去無入有，理而未形，不可以名尋，不可以形睹。」都是指事物生成之際處於有無之間，有理無形的狀態，「機」是作爲無到有的中介，結合漢代宇宙結構論中元氣的運行規律，又可稱爲「理數」。參見氏著：〈張湛玄學的理論創建〉，《哲學研究》第11期（2005年），頁36。

〔註28〕張立文分析道器範疇通過變化討論會向無有轉化，也會自覺與心物聯繫而向心物範疇轉化。詳見氏著：《中國哲學範疇發展史（天道篇）》（台北：五南，1994年），頁425～427。

四、動用之域與「器用」層

有形皆寄於「太虛之域」中，指最高虛靜的無形本原，便是以「太虛之域」爲不變的道體。太初（氣）、太始（形）、太素（質）是形成萬物的基礎。而萬物的生命在「動用之域」的變動不居中，具有共同的「終」、「始」變化過程，經由此過程而有或「聚」或「散」的生命現象。有形的事物在各自的基礎上因爲具有「機」，即陰陽元氣經由各種不同的規則，聚合出性質不同的萬物，張湛以「機」作爲群有之始動，所以萬物出於「機」，入於「機」，受到自然之數的規約，因天而有自然之分；因命而有窮達之數，從而產生存亡變化的「自然之符」。

> 所謂終者，或爲物始，所謂始者，或是物終，終始相循，竟不可分也。（〈湯問篇注〉，頁92）
>
> 天地籠罩三光，包羅四海，大則大矣；然形器之物（天地）會有限極，窮其極限，非「虛」如何？計天地在太虛之中，則如有如無耳。故凡在有方之域，皆巨細相形，多少相懸。推知至無之極，豈窮於一天，極於一地？則天地之與萬物，互相包裹，迭爲國邑；豈能知其盈虛，測其頭數者哉？（〈湯問篇注〉，頁93）
>
> 夫生者自生，形者自形，明者自明，忽然自爾，固無所因「假」也。（〈湯問篇注〉，頁101）

張湛並有形之域最大的指稱「天地」作爲萬物之總稱，而以萬物爲天地之別名，指出兩者的互爲涵攝的關係，這與郭象的獨化觀中的「萬物獨化於玄冥之境」義理上相同。而「機」決定了萬物自生的性質及生成規律，萬物在「形」與「質」階段時，「形」在陰陽未判，品物流形之時，經由凝虛的「太易」，從混茫的原初狀態中，經由「太虛之域」保證的存有之理而「有」，這是能生成「物」的關鍵。而在「機」在形成器用的自然之數運作下，繼而形成「質」，指物的質性，方、員、剛、柔、靜、躁、沈、浮各有其性，「機」因具有的自然之數的功能，從而使得有生的「物」各有分別，在現象世界成爲「物」的階段，塊然形也，自然而生，從現象世界的去看，萬物是忽爾自生，「物」是指有形之域的原理，是經由「機」在現象世界的理數相推而產生差別，其中包含生到終與形到虛的過程，繼而構成萬物的各自的有限性存在，形成了各有其理的「器」，合在一起便有了「群有」與「萬品」，出現了現象世界的萬事萬物。

　　因在自然之數的分別下才形成了萬物，所以自然之數屬於必然之數，具有指涉萬物之性的功能義，在性分上，即萬物千差萬別的性質中，應順應自己性分自發的需求去生活。這就是指物有能言而不能行，能行而不能言者，是因爲性分導致的才性之殊。所以一個人的生死壽命、富貴窮達、都受制於「自然之數」的「命」〔註29〕，由「太易」決定的「終」「始」並不是「養生」所能阻止的；由「機」決定的「性分」導致的窮達，也並不是靠「智力」所可以改變的，如果想靠這種人力作爲去對抗「自然之數」，那是「惑於天理」的犯天行爲。對於處事態度，張湛在任「自然」上讚賞列子的放逸與玄遠，而「名教」問題上，張湛同於郭象的安命順世，〔註30〕即不要違背自然之數的命定，張湛同樣認爲凡人精神無法達到凝虛的狀態，所以僅能順應自己的本性去生活，各安所適。

　　關於聖人，即能精神超越的人，能進入「神心獨運，不假形器，圓通玄照，寂然凝虛」的超然境界，所以張湛創立了聖人的凝神說，在生命中體神而獨運，忘情而任理，寂然玄照，具有感通認識太虛之域的能力，使人眞正獲得生命安頓。王曉毅分析出王弼哲學中的聖人體無，但並未論述其間的關係；郭象哲學體系以「玄冥之境」爲獨化自生的依據，並以「聖人之心」爲人類社會和諧發展的依據，但也未對這之間的關係作解釋。〔註31〕張湛的道器關係指出方寸（心）與「太虛」齊空（通於至虛之道），形骸與萬物俱有（指動用之域：器），所以聖人之心〔註32〕可以感通於「太虛之域」，就是將聖人體道作了一個形上推展。

　　因爲「玄冥之境」與「聖人之心」兩者具有感通功能。關於聖人所感的「虛」，張湛認爲是指有無兩忘，萬異冥一，貴賤之名無所生，指主體泯除了物我的狀態。〔註33〕人會因精神交會而有夢的產生，因形者具有感官（聲色味），此感官功能爲忽爾而生，不能自生，所以「形」所接而成「覺」（日

〔註29〕 命者，必然之期，素定之分也。雖此事未驗，而此理已然。若以壽夭存於御養，窮達係於智力，此惑於天理也。（〈力命篇〉注，頁 120）

〔註30〕 詳參莊庭蘭、劉曉東：〈張湛《列子注》玄學略論〉，《山東師範大學學報（人文社會科學版）》第 51 卷第 3 期（2006 年），頁 87。

〔註31〕 王曉毅：〈張湛玄學的理論創建〉，頁 40。

〔註32〕 「都無所樂，都無所知，則能樂天下之樂，知天下之知，而我無心者也。」（〈仲尼篇〉，頁 72）　此爲「聖人之心」。

〔註33〕 「此寂然不動，都忘其智。智而都忘，則神理獨運，感無不通矣！」（〈仲尼篇〉，頁 74）

想）。兩者同歸於「識」，都爲感變之所起，意有偏感則隨念想而轉易，所以萬物紛錯，皆由意生。眞正的聖人晝無情念，夜無夢寐。因爲聖人能「體道」，所以能心既無念，口既無違，故能內外盡，指德充於內，神滿於外，無遠近幽深，所在皆明，能審安危之機，泊然自得。聖人因「體道」而能「同虛」，故六藏七孔四肢百節，塊然尸居，同爲一物。故由此而能「觀」能「游」，即忘游故能遇物而游，忘觀故能遇物而觀，指作爲存有者的「心」是作爲存有的「物」能運通於「太虛」的關鍵，具有不變的性質，張湛明確指稱以形骸爲眞宅（有物），熟識生化之本歸之於「無物」，便是指心通於太虛，所以張湛說：

> 知身不可私，物不可有者，唯聖人可也。（〈揚朱篇注〉，頁 149）
>
> 夫無言者有言之宗也；無知者，有知之主也。至人之心豁然洞虛，應物而言，而非我言；即物而知，而非我知；故終日不言，而無玄默之稱；終日用知，而無役慮之名，故得無所不言，無所不知也。（〈仲尼篇〉注，頁 78）

在知識論上從「言意之辨」更近一步進入「如何體道」的分析，張湛指出認知功能所求取的知識，其本在於「心之本」的「無知」，所以張湛強調「無知，故知盡；無能，故能極。無形又無名，故不知。」肯認「事理自明，非我之功。」知識來源於「客觀世界」，所以「忘知忘言」後，以道治於物者，自然能順「物性」之宜。〔註 34〕在方法上要能以心感通於「至虛」，即「今有無兩忘，萬異冥一，故謂之虛」此部分同於佛學有無雙遣的「雙遣法」，近於僧肇〈般若無知論〉所言「般若智」的「實而不有，虛而不無」，又同僧肇所言「無知」的功能：

> 夫有所知，則有所不知。以聖心無知，故無所不知，不知之知，乃曰一切知。故經云：「聖心無所知，無所不知」信矣！〔註 35〕

在張湛「知識論」的架構下對現象界可以區分「聖職教化」與「物職所宜」兩種「功能屬性」爲表五：

〔註 34〕 周美吟分析張湛的知識論中強調認知作用因爲「主體的侷限性」、「工具的侷限性」、「客體的變性」、「標準的不穩定性」所以要「不強求知」、「化除成心」、「把握眞知」、「收視反觀」、「全面觀照」才是認知的正確態度。見氏著：《張湛《列子注》研究》，頁 807。

〔註 35〕 【明】憨山大師編述：《肇論略注》（台北：佛教出版社，1989 年），頁 83。

功　能	意　　　　　　義
聖職	主教化。聖人所以陶運臺生，使各得其性，亦猶人之能將養禽獸，使不相殘害也。（〈黃帝篇注〉，頁 36）〔註 36〕
物職	主所宜。物往亦往，物來亦來。任物出入，故莫有礙。（〈力命篇注〉，130）

所以聖人境界言無是非，行無軌跡，因爲德全、無心，可以使外物不生心，心無欲，則形自服矣，這就是自然，張湛認爲自然者，不資於外；至順者，無物能逆也，所以：

> 夫虛靜之理，非心慮之表，形骸之外求而得之。即我之「性」內，
> 安諸己則自然眞全矣！故物以全者，皆由虛靜，故得其所安，所以
> 敗者，皆由動求，故失其所處。（〈天瑞篇注〉，頁 17）

對於聖人如何感通於「虛靜」道體的關係作了較爲深入的分析，因爲「心」與「至虛」兩者同構於「太虛之域」的道體，所以能相感，而萬物以歸虛作爲自然，並以犯天爲公，犯人爲私，肯認自然之數的不可違背。

動用之域的概念組成性質可以表六分析：

概　念	性　　　　　　質
機	自然之數，現象世界的本體。（〈天瑞篇注〉，頁 11）
天職	清輕，具有生覆屬性。（〈天瑞篇〉，頁 5）
地職	濁重，具有形載屬性。（〈天瑞篇〉，頁 5）
人	沖和氣者。（〈天瑞篇〉，頁 5）
心	寂然無想者，若橫生意慮，則失心之本。（〈仲尼篇注〉，頁 88）〔註 37〕
命	自然之理不可以智知，知其不可知，謂之命。（〈黃帝篇注〉，頁 39）〔註 38〕

從概念分析，整個現象界的存有（動用之域）是以「太虛之域」爲本，所以萬物雖然由「機」賦予了各自的「命」，造成現象界的「眾理」（物職），在「器論」中，天職與地職是作爲萬物存有的必要條件，萬物的存在是由「機」賦

〔註 36〕又「夫無言者有言之宗也；無知者，有知之主也。至人之心豁然洞虛，而非我言；即物而知，而非我知；故終日不言，而無玄默之稱；終日用知，而無役慮之名。故得無所不言，無所不知也。」（〈仲尼篇注〉，頁 78）

〔註 37〕又「意所偏惑，則隨志念而轉易。及其甚者，則白黑等色，方圓共形，豈外物之變？故語有之曰：『萬事紛錯，皆由意生。』」（〈說符篇注〉，頁 11）

〔註 38〕又「命者，必然之期，素定之分也。」（〈力命篇注〉，頁 120）

予決定的，又由於「心」具有「聖職」的寂然無想能感通於「太虛之域」的可能，所以強調應對萬物時，要依自然之數，能「肆性情之所安」，按照「物職」的自然之數來行事，對待萬物要能夠尊生之質，認識到各「物性」所安處的方式，注重「聖職」通於教化的「和」去得物性之極，如此則能應理處順，所適常道，如果任情背道，就會與「物性」不通，遇物斯滯，其最高境界當為：

> 心手器三者玄應而不相違失，而後和音發矣（〈湯問篇注〉，頁 109）

張湛以這個比喻說明「聖職」與「物職」的關係達到順性時的情形，就是「玄應」而不相違，如此便可以產生「和音」的境界，聖人因「神心獨運」「圓通玄照」會有一種「寂然凝虛」直觀的智慧，即形智不相違，心虛而形全，以至柔之道以御「物」，能安然的順著物性的道理，所以萬物不會違背自然之道，而聖人能忘懷任過，達亦通，窮亦通，故而能無死地，這就是聖人的境界。

當以形上學中「道體層」的角度分述道論與器論之間的關係時，凸顯道論與器論中本體概念的差異去說明「無」的不變與「有」的變動，從而在器用層的功能上將心與物的性質展開，並且讓提出聖人之心可以感通於「太虛之域」，是相當完整的由道器論的「有」、「無」向心物論轉化的形而上思考。

五、結　論

由正始以老學為主展開「以體攝用」的道體器用觀，以自然的道體為名教器用價值的保證。到竹林、元康時期之後以莊學為主的「由用顯體」的器體道用觀的轉變，認為要「越名教而任自然」，認為在現世直接追求道體的把握是更真實的「自然」，直到郭象提出「以用為體」的獨化論，把自然與名教冥合為一。

進入東晉玄學，清談依然很興盛，清談名流有王導、謝安、孫綽、許詢等，都延續著郭象跡冥圓融的內聖外王的學說，以自然與名教的關係作為玄談的內容。

直到東晉的張湛更在郭象影響下，以注《列子》提出道器的最高範疇「太虛之域」與「動用之域」，將「道」、「器」的體用，各自拉到現象世界與本體世界的形上範疇，以形上學的角度將本體世界作為現象世界的保證，從中看本體世界（自然）與現象世界（名教）的交涉，並面對時代對於解脫生死的問題，將名教與自然切割為二，認為作為器用的名教是獨化於「動用

之域」，而動用之域是以歸於「太虛之域」的自然爲本，這是借用王弼「以無爲本」的玄學方法，在道器關係中提出萬物在終始生滅中必然「凝虛於太虛之域」爲安頓方式，這同時也是對整個魏晉玄學「有」、「無」問題的思索與解答。

從本文分析可以知道張湛玄學的形上架構爲「器用層」以歸於「道體層」爲本，「道體層」並不生「器用層」，而是在「器用層」的階段時，以溝通兩處的「太易」作爲中介，其變動不居，是保證了器用的有之終始是以道體的無爲本，而在「器用層」中萬物根據「機」的自然之數而有不同的理，這是萬物的自生，並且在「器用層」中從道器的思考中向「心」、「物」問題轉化，繼而提出「聖職」與「物職」的概念，並以聖職的順性作用爲「動用之域」的安頓之方。這也是相當完整的從道器論向心物論轉化的辯證，在義理上並未如盧桂珍所言未有統合二者而形成矛盾。

六、徵引書目

（一）傳統文獻

1. 【南朝·宋】劉義慶撰，徐震堮校箋：《世說新語校箋》，北京：中華書局，2004 年。

2. 【東晉】張湛注，楊伯竣集釋：《列子集釋》，台北：明倫出版社，1970 年。

3. 【東晉】張湛注，蕭登福著：《列子古注今譯》，台北：文津出版社，1990 年。

4. 【明】憨山大師編述：《肇論略注》，台北：佛教出版社，1989 年。

（二）近人論著

1. 王葆玹：《玄學通論》，台北：五南，1996 年。

2. 王曉毅：〈張湛玄學的理論創建〉，《哲學研究》第 11 期（2005 年），頁 35～40。

3. 向世陵：〈張湛「至虛」與有無說〉，《中國哲學史》第 2 期（2004 年），頁 43～46。

4. 田永勝：〈論《列子注》與張湛思想〉，《哲學研究》第 1 期（1999 年），頁 28～35。

5. 牟宗三：《才性與玄理》，台北：台灣學生書局，2002 年 8 月修訂版。

6. 牟鍾鑒：〈《列子》與《列子注》之我見〉，《政大中文學報》第 8 期（2007 年 12 月），頁 29～44。

7. 周大興：《東晉玄學論集——自然・名教・因果》，台北：中央研究院文哲研究所，2004 年。

8. 周紹賢：《列子要義》，台北：文景出版社，1975 年 10 月。

9. 周美吟：《張湛《列子注》研究》，《國立臺灣師範大學國文研究所集刊》第 46 號（2002 年），頁 703～933。

10. 林麗眞：〈張湛「貴虛」論及其與玄佛思想之交涉〉，《台大中文學報》第 15 期（2001 年 12 月），頁 61～90。

11. 封思毅：〈列子張湛注纂要〉，《中國國學》第 23 卷（1995 年 11 月），頁 41～49。

12. 高晨陽：〈論魏晉玄學派別之別與階段之分〉，《山東大學學報（哲社版）》第 4 期（1994 年），頁 1～5。

13. 莊庭蘭、劉曉東：〈張湛《列子注》玄學略論〉，《山東師範大學學報（人文社會科學版）》第 51 卷第 3 期（2006 年），頁 85～89。

14. 張立文：《中國哲學範疇發展史（天道篇）》，台北：五南，1994 年。

15. 張鴻愷：〈張湛思想述評〉，《鵝湖月刊》第 33 卷第 2 期（2007 年 8 月），頁 27～32。

16. 許抗生：《魏晉玄學史》，台北：桂冠圖書，1992 年 12 月。

17. 馮友蘭：《中國哲學史新編（中卷）》，北京：人民出版社，2004 年。

18. 黃慶萱：〈「形而上者謂之道，形而下者謂之器」析議〉，《中國學術年刊》第 26 期（1994 年 9 月），頁 1～8。

19. 曾麗蓉：〈論張湛《列子注》「無」的思想脈絡與兩重意義〉，《東方人文學誌》第 6 卷第 3 期，頁 61～82。

20. 趙衛東、卞魯曉：〈張湛援佛入玄之「貴虛」論〉，《淮北煤炭師範學院學報（社會科學版）》第 28 卷第 5 期（2007 年 10 月），頁 47～49。

21. 盧桂珍：〈張湛宇宙觀辨析〉，《哲學與文化》（2004 年 3 月），第 31 卷，149～170。

22 蕭登福：《列子探微》，台北：文津出版社，1990 年。

附錄五：《牡丹亭》中杜麗娘的情志觀

摘　要

　　湯顯祖戲曲標誌的是一種戲劇美學意識，不是哲學意義上對哲學困境所產生的「情」、「理」問題的回答與解決。所以只能說湯顯祖在明代的哲學命題中，爲表現其所受學的泰州學派強調的「良知體入日用人情」的觀念，以戲曲作幻夢境方式，創作出戲曲中的有情世界，繼而在戲曲中藉由藝術表達湯顯祖戲曲意識的核心在於名教的價值來源是來自於人之眞情。

　　所以本文便是觀察在時代情境中的湯顯祖受到羅汝芳影響，表現出戲曲中的化情歸性的主旨，繼而由湯顯祖所處時代的「情」、「理」觀念去對照分析《牡丹亭》中戲劇的虛實結構與杜麗娘的情志歷程，繼而從戲劇意義中分析出杜麗娘的情志觀，這是作爲藝術美學範疇的探討。從而確定戲劇結構本身所表現出的是一種眞情在衝突下的順理成章，藉由杜麗娘的戲劇行動將藝術情境落實在現世的情境中，在生、死、夢、覺的作幻場景中展現杜麗娘情志追求的藝術性，並在〈圓駕〉這齣「必要戲」中回到一個現實的場域中回應所有的質疑，從戲劇美學中表現出杜麗娘個人情志面對著現實世界的眞實感受。

關鍵字：牡丹亭、湯顯祖、杜麗娘、情志觀

壹、前　言

　　「情」作爲《牡丹亭》情節的推展，落實在杜麗娘這個主要人物身上，戲劇是一種行動中的人（man in action）的演出，而戲劇行動是由一連串足以到各劇目的事件結構而成，經由思想、人物或事件安排的因果關係去達到結構的統一性，繼而能把觀眾注意力集中在產生意義的種種關係上，這要依賴「衝突」（conflict）。〔註1〕作爲串連全場戲劇的情節是劇本的核心，討論戲劇的思想所指的是劇本的主題、論點、總體意思與戲劇行動的意義。

　　由於《牡丹亭》是一齣以「情」爲動機的戲，所以湯顯祖的「情」、「理」概念便是重要的戲曲創作觀念，關注到湯顯祖對「情」、「理」概念的思考時，具有哲學意義的「理學」在明代產生影響，是如何影響湯顯祖創作戲曲的核心意識。這便是本文重新分析湯顯祖「情」、「理」概念的淵源，參考西方戲劇注重「情節」的分析法與中國人性論範疇的「情志觀」作爲分析《牡丹亭》的方法。

　　本文便是要從情節中確認這個美學意義是如何在戲劇結構中表現的，並從杜麗娘的戲劇行動中去確認湯顯祖的「情」在戲劇中所具有的美學意涵，雖然東西方戲劇發展有所不同，採用布魯凱特的注重情節的戲劇分析法有助於釐清戲劇中的「衝突」所在，故而文中注劇情時便以「戲劇」概念分析之，但當關注到中國戲曲的獨特性時，便以「戲曲」概念去分析，而「情志觀」作爲文中戲曲角色思想的分析方法，是分析戲劇思想的一種工具性的概念，也是本文所欲探討的主題，戲劇思想便是角色經由情節所完成的戲劇行動中展現出來的意志，這屬於藝術美學的範疇，僅指涉〈牡丹亭〉一劇中的藝術效果，目的在探討本劇在湯顯祖所處明代學術思潮及美學思潮的場域中呈現怎樣的美學意義，以下便從作者與泰州學派的師承關係，及明代戲曲論的發展去釐清各自的脈絡，繼而專注本劇分析，藉由杜麗娘的戲劇行動去探討其戲劇思想。

貳、湯顯祖的情理概念

一、湯顯祖生平簡歷及《牡丹亭》之簡介

　　湯顯祖，字義仍，號海若、若士、清遠道人，江西撫州府臨川人。生於明世宗嘉靖二十九年（1550），卒於明神宗萬曆四十四年（1616），享年 67 歲。

〔註1〕　布魯凱特：〈戲劇的結構、形式與風格〉，詳見氏著，胡耀恒譯：《世界戲曲藝術欣賞》（台北：志文出版社，1994 年），頁 49。

萬曆十一年（1583）進士，以第三甲賜同進士出身，曾任南京禮部主事、徐聞典史、遂昌縣令。〔註2〕所作傳奇依時間排序為：

時　間	劇　作
萬曆五年秋（1577）至萬曆七年秋兩年（1579）內於臨川，湯顯祖 30 歲。	《紫簫記》
萬曆十五年（1578）本年前後，湯顯祖 38 歲。	《紫釵記》
萬曆二十六年（1598）棄官歸於臨川，湯顯祖 49 歲。	《牡丹亭還魂記》
萬曆二十八年（1600）年，湯顯祖 51 歲。	《南柯夢》
萬曆二十九年（1601），湯顯祖 52 歲。	《邯鄲夢》

　　由年表考索可知湯氏的劇作有五種，幾乎貫穿其一生經歷。除《紫簫記》外，後四者多合在一起並稱，如：「玉茗堂傳奇」、「玉茗堂四傳」、「玉茗堂四種」、「玉茗堂四夢」等，現一般使用「玉茗堂四夢」作稱。然而由早期以具有實錄性的「記」作名到晚年以作幻意識的「夢」為稱，可見其戲劇思想逐漸轉向道學的思索。以「夢」作為表達湯顯祖的創作思想具有重要的意涵，湯顯祖曾云：

> 弟之愛宜伶二夢，道學也。性無善無惡，情有之。因情成夢，因夢
> 成戲。戲有極善極惡，總於伶無與。伶因錢學夢耳。弟以為似道。
> 憐之以付仁兄慧心者。〔註3〕

因此可知「情」的「成夢」、「成戲」是湯顯祖重要的戲劇意識，如《紫釵記》中霍小玉之夢，是吉祥的徵兆，夢指涉現實；《南柯夢》中淳于棼之夢是點化其大澈大悟的途徑，夢昇華現實；《邯鄲夢》同《南柯夢》，同樣以夢象徵現實無異於一場夢，夢同於現實。「情」之落實在《牡丹亭》中，「夢」成為杜麗娘貫徹己身情志的關鍵，是杜麗娘以「真情」面對一切障礙的轉捩點，湯顯祖作《牡丹亭》對「情」的層面上更加著重，所以《牡丹亭》之「情」的重要，是「四夢」中最為顯著的。

〔註2〕　參見：〈附錄一：湯顯祖年表〉，明・湯顯祖著，徐朔方、楊笑梅 校注《牡丹亭》（台北：里仁書局，民國 84 年 2 月 15 日初版一刷），頁 355～357。及〈附錄一：湯顯祖年表〉，明・湯顯祖：《湯顯祖集》（台北，洪氏出版社，1975），頁 1575～1578。

〔註3〕　明・湯顯祖：〈復甘義麓〉，明・湯顯祖：《湯顯祖集》（台北，洪氏出版社，1975），頁 1376。

二、泰州學派與湯顯祖的淵源

　　根據年表考索湯顯祖與泰州學派的淵源爲世宗嘉靖四十一年（1562），湯顯祖十三歲時，從羅汝芳遊（字惟德，號近溪，1515～1588），可見湯顯祖受到陽明學的影響。並在萬曆十四年（1586）時羅汝芳至至南京講學，湯顯祖常前往與其師討論心學，可見湯顯祖重要的思想淵源來源於泰州學派，特別表現在對人性論的問題上，從泰州學派的理路去追索是一個重要關鍵。

　　羅近溪是泰州學派王艮的三傳弟子，而王學又名心學。心學奠基於王陽明（名守仁，字伯安，世稱陽明先生，1472～1528），考索王陽明對於「情」的觀念爲：

　　　　喜、怒、哀、懼、愛、惡、欲，謂之七情，七者俱是人心合有的，

　　　　但要認得良知明白……七情順其自然之流行，皆是良知之用，但不

　　　　可有所著，七情有著，俱謂之欲。〔註4〕

從此可知，王學的對於「情」的看法視爲人的自然，都是本具於「人心」。其學主張不否認情欲，而是藉由「良知」去導正自然之情合於人倫之用，使人不執著於情感，執著情感，便流於「慾望」，陽明學要人發掘良知，使之達於儒家的中和。

　　王陽明之後，其弟子依見解或地域之不同，大抵分爲浙中、泰州、江右三派，其宗旨皆歸本於陽明，並在如何「致良知」的功夫論上彼此有所歧異。其中泰州學派以王艮（心齋）、王襞（東崖）、羅汝芳（近溪）作爲宗傳。〔註5〕近溪爲顏鈞（字山農）之弟子，而顏鈞又受心齋之傳，所以羅近溪爲泰州學派的第三代宗師。

　　從心齋的〈樂學歌〉提出的「人心本自樂」的命題中，〔註6〕可以知道從泰州學派宗旨在於從樂體悟良知，但並非全然是滿足於欲望之樂，即非完全感性之樂，而是樂的當下要把握良知的呈現。羅近溪在此觀念上也有所繼承，提出人之情感需體入良知，而在泰州學派的脈絡中可以看出「情」、「理」關

〔註4〕　明·王陽明：《王陽明傳習錄及大學問》（台北：黎明文化，1988年），頁150。

〔註5〕　清·黃宗羲著，沈芝盈點校：《明儒學案（下冊）·泰州學案三》（北京：中華書局，2008年一月二版二刷），頁703。

〔註6〕　人心本自樂，自將私欲縛。私欲一萌時，良知還自覺。一覺便消除，人心依舊樂。樂是樂此學，學是學此樂。不樂不是學，不學不是樂。樂便然後學，學便然後樂。樂是學，學是樂。嗚呼！天下之樂，何如此學？天下之學，何如此樂？同註5，頁718。

係並不是緊張的對立，而是同時萌動，而人要在其中把握「良知」，羅近溪從
這裡把握提出一體爲仁的觀念：

> ……我今與汝終日語默動靜，出入起居，雖是人意周旋，卻自自然
> 然，莫非天機活潑也。即於今日，直到老死，更無二樣。所謂人性
> 皆善，而愚夫愚婦可與知與能者也。……此是人情纏到極平易處，
> 而不覺功夫却到極神聖處也。……〔註7〕

便是以羅近溪體會《中庸》已發未發的問題而提出「生生之德」的觀念，認
爲在「人情平易處」去學習體會通天下萬事之命脈的「道」，即人與人間關於
「疾痛疴癢」的自然需求，從而衍生的人情共感，以此去把握「仁」，並推及
到全天下，便是「大人」之學。對照湯顯祖在〈貴生書院說〉提出「貴生」
的大人之學：

> 天地之性人爲貴……天下之生雖屬於人，亦不忘觀也。故大人之學，
> 起於知生，知生則知自貴，又知天下之生皆當貴重也。〔註8〕

「貴生」的思想不是針對個人生命的看重，或者說看重個人私己之的情感，
而是以知「天地之性」的人爲「生」的意涵，這便是對天下之「生」有同體
之心，這便是情感產生的淵源。從而看出湯顯祖與其師的學問間的共通性在
於對「人情」的看重，即將「吾之生」與「天下之生」同視爲可貴。所以黃
宗羲評價羅汝芳時：

> ……先生之學：以赤子良心不學不慮爲的，以天地萬物同體徹形骸
> 忘物我爲大。此理生生不息，不須把持，不須接續，當下渾淪順
> 適。……〔註9〕

羅近溪強調的「赤子之心」即是人的本性，而人之本性中本就含有孝悌慈的
德性，這些德性不需要學慮便可以自然的表現出來，人人皆可持守，持守之
即爲聖人，這種說法讓泰州學派的「良知」觀貼近日常人倫之情。

　　從上段分析可知泰州學派基於人的本性都具有孝、悌、慈，強調要能夠
直接把良知之理直接落實在生活中，把這種精神擴大，就是「生生之德」的
道德境界。藉由人與人之間的共感需求，自然能發揮「情」的意涵，此「情」
在泰州中的意涵不僅在於倫理性，更落實到現象界的日用需求中。繼而啓發

〔註7〕　同註5，頁787。
〔註8〕　同註3，頁1163～1164。
〔註9〕　同註5，頁762。

湯顯祖於提出的「情」爲：

> ……情致所極，可以事道，可以忘言。而中有所不可忘者，存乎詩歌
> 序記詞辯之間。固聖賢所不能遺，而英雄之所不能晦也……。〔註10〕

歷經人世之事的「情」發揮到極至可以通於「事道」與「忘言」的體道境界，
這也是古聖先賢於「詩歌序記詞辯之間」所不能遺漏的部分，此「情」具有
的人倫日用意涵及創作意識可以明顯看到是受到泰州學派的影響，落實在《牡
丹亭還魂記》中，以「記」爲劇名，更可以看出其標舉「情」作爲戲劇思想
與泰州學派通於日用的人倫之「情」的淵源是十分明顯的。

參、《牡丹亭》戲劇結構中的美學意涵

本劇的情節來自對民間講唱文學的繼承，《牡丹亭》的故事便是從擬話本
《杜麗娘慕色還魂話本》而來，〔註11〕而志怪小說亦有對《牡丹亭》產生影
響，〔註12〕如《牡丹亭記題詞》：

> 傳杜太守事者，彷彿晉武都守李仲文、廣州守馮孝將兒女事，予稍
> 爲更而演之。至於杜守收拷柳生，亦如漢睢陽王收拷談生也。〔註13〕

由此更可以看出戲曲與民間講唱文學的關係很密切，作者也是有意識的吸收那
些故事情節進入自己的作品中，並經由作者對情節的剪裁與鍛鍊表現出戲劇的
主題。因爲戲曲的故事大多從民間講史、小說、諸宮調、鼓詞、彈詞中採擷而
來，在將民間講唱文學戲劇化的過程中，結構上也受到民間講唱文學的影響，
即從事物發展的全過程來掌握整個故事的前因後果與起伏結構，會注意到故事
的來龍去脈的整體過程，並且會在戲劇高潮的地方多加渲染，根據中心事件統
帥所有的情節〔註14〕所以中國戲曲作品重視主題對情節的統帥作用，即每一場
戲中只有一個中心事件，繼而經過一連串能夠達成各劇目的事件結構而成，就

〔註10〕 明・湯顯祖：〈調象菴集序〉，同註3，頁 1038～1039。

〔註11〕 明・湯顯祖著，徐朔方、楊笑梅 校注：《牡丹亭》（台北：里仁書局，1999
年 10 月 31 日初版三刷），頁 381～387。

〔註12〕 在劇情部分的影響可在陶潛《搜神後記》中的〈李仲文女〉、〈馮孝將子〉與
曹丕《列異傳》中的〈談生〉看見情節的繼承，可以由此看見魏晉文學對《牡
丹亭》的影響。詳見趙山林：《戲曲散論》（台北：國家出版社，2006 年 5 月
初版一刷），頁 154～156。

〔註13〕 同註11，頁 1。

〔註14〕 點線結構是形成中國戲曲獨特的情節表現方式。詳見沈堯：〈戲曲結構的美學
特徵〉，張庚、蓋叫天等著（1986 年）：《戲曲美學論文集》（台北：丹青，1986
年），頁 4～5。

是從事物發展的整個脈絡來掌握前因後果與變化，會把整個劇情的來龍去脈的交代清楚，以一條劇情的主線安排不同的點狀事件，形成縱向發展的點線分明的組合形式，所以戲曲作品的主題要單一，情節要貫串整部戲的主線。曾永義由此提出中國戲劇的特質在於象徵性、誇張性與疏離性，〔註15〕分別表現在美學、人物性格、戲劇目的上，由此產生抒情性的效果。

由於中國古典戲曲的美學基礎是詩歌、音樂和舞蹈，在故事上不太重視創新，所以會改編前人劇本或從歷史、傳說或講唱中取材故事，而在表現上是以詩歌為本質，所以表現方式是象徵性的，賓白的主要作用是推動關目，使觀眾能瞭解劇情的發展，具有延展性，卻缺乏西方的懸宕效果，而中國曲辭的用途，可代替西方戲劇中的對話，用以表達劇中人的心意，或表明事態、描寫四周景象，是作為一種內心的語言來使用，這是中國戲曲的特殊表現方式。〔註16〕

一個劇本要能引起觀眾的興趣要靠「衝突」（conflict）〔註17〕，在戲劇結構中表現衝突的方式要依靠情節〔註18〕與人物〔註19〕，本章就要由《牡丹亭》

〔註15〕 曾永義：〈中國戲劇的特質〉，見氏著：《中國古典戲劇論集》（台北：聯經，1986年），頁31～44。

〔註16〕 由此在表演中產生虛擬象徵的寫意性，以戲曲演出中抽象與具象來傳達意中的情趣。詩歌指唱詞形式，音樂指曲調唱腔和伴奏的樂器，舞蹈指身段動作。同上註，頁31～47。

〔註17〕 一般對戲劇的認識，「衝突」包含角色與角色間的衝突，同一角色內心諸般慾望的衝突，角色與其環境的衝突不同意念間的衝突。同註1，頁50。

〔註18〕 本文分析中所使用的「情節」，包含故事內容，也是構成意義類型因素的總結構，通常包括開頭、中段與結尾。「開端」指一個劇本的開頭需要一個「說明」（ecposition）也就是必要資料的設定，對事件作一個交代。而觀眾的注意力總是集中在一個疑問、衝突或主題，所以劇本的開端都包括一個「引發事件」（inciting incident）就是一般發動主要戲劇行動的事件，會直接導往全劇的中心的「主要戲劇問題」。「中段」指劇本的中段是一連串的錯綜（complication）構成，錯綜通常會使戲劇行動的領域變窄，造成懸疑的氣氛，錯綜是引導發現（discovery）把那個主要戲劇問題呈顯出來，形成戲劇行動的危機（crisis）或稱轉捩點（turning point），自此通往問題的消解與結束。「結尾」便是從危機到落幕，又稱作結局與收場（resolution or denouement），作用在於釐清故事的千頭萬緒，通常會導出一幕「必要戲」(obligatory scence)，讓互相衝突的角色在都瞭解一切後以本來的面目相對。詳見布魯凱特：〈情節〉，同註1，頁51～56。

〔註19〕 本文分析中所使用的「人物」是一切情節的資源，戲劇中的事件發展是根據戲劇人物的言語行動來表現的。在第一層面人物造型的外型層面外，還有第二層面社會層面，即所有置他於目前環境的一切因素，例如經濟地位、家庭關係；第三層面心理層面，指一個人物的習慣反應、態度、欲求、動機、喜惡，在行動之前的內心活動；第四層面道德層面，戲劇本身多少都會隱含道

戲劇的這兩個部分來看戲劇表現出的思想〔註20〕中以夢境作幻的「勢」〔註21〕，指戲劇可能發展的方向，如何在人物的情理衝突中展現這個戲劇的主旨之「情」〔註22〕，由此探討杜麗娘在戲劇中的「志」如何發揮情的「最高可能」，即為其人物行動的依歸。從湯顯祖的戲曲論在明末清初戲曲意識中審美觀，去對照杜麗娘在整個戲劇中的情志歷程，如何表現戲劇結構中的關於「情」的美學意涵，從而看出《牡丹亭》一劇中杜麗娘的情志觀。

一、以虛實結構表現情理的戲劇衝突

湯顯祖這部劇作完成於萬曆二十六年（1598）秋，劇中杜麗娘因夢而生思，思極不可得而死，後又因情而從陰間復生與柳夢梅成就「前係幽歡，後成明配」（湯顯祖，1975：153）的命定因緣，可以從劇中發現《牡丹亭》）〔註23〕以第一折〈標目〉到第五十五齣〈圓駕〉，呈現的是一齣苦盡甘來，得償所願的大團圓結局，衍為劇情結構如下：〔註24〕

德意涵，但此層面嚴肅的劇本較易清楚看出。詳見布魯凱特：〈人物與人物造型〉，同註1，頁57～58。

〔註20〕 包括劇本的主題、論點、總體意思與戲劇行動的意義。詳見布魯凱特：〈思想〉，同註1，頁59～62。

〔註21〕 明・湯顯祖：〈沈氏弋說序〉「今昔異時，行於其時者三：理爾，勢爾，情爾。以此乘天下之吉凶，決萬物之成毀。作者以效其為，而言者以立其辨，皆是物也。事固有理至而勢違，勢合而情反，情在而理亡，故雖自古名世建立，常有精微要眇不可告語人者。……是非者理也，重輕者勢也。愛惡者情也。三者無窮，言亦無窮。……」，同註3，頁1480～1481。另王瓊玲提出湯顯祖將「情」與「理」的衝突放在「勢」的架構中，「情」受制於「勢」，因此情真而不得不屈從於勢者，必至『情在而理亡』；情不真者，其屈從於勢，必至「勢合而情反」。所以作者必須以自身之想像在此整體趨勢中判斷出一種「可能的樣態」，這就是戲劇審美中的「勢」。參見王瓊玲：〈論湯顯祖劇作與劇論中之情、理、勢〉，《湯顯祖與牡丹亭國際學術論文研討會》（2004年4月），頁4。而本文的「勢」是指戲劇中作為情理衝突產生後，劇情可能發展的方向。

〔註22〕 王思任於〈批點玉茗堂牡丹亭敘〉言：「杜麗娘之妖也，柳夢梅之癡也，老夫人之頓也，杜安撫之執也，陳最良之霧也，春香之賊牢也。無不從筋節竅髓，以探其七情生動之微也。…而其立言神指：《邯鄲》，仙也；《南柯》，佛也；《紫釵》，俠也，《牡丹亭》，情也。若士以為情不可以論理，死不足以盡情。百千情事，一死而指，則情莫有深於阿麗者矣。況其感應相與，得《易》之咸；從一而終，得《易》之恆。則不第情之深，而又為情之至正者。」同註3，頁1544。

〔註23〕 參考湯顯祖著，徐朔方、楊笑梅 校注《牡丹亭》（台北：里仁書局，1999年2月15日初版三刷）本文《牡丹亭》曲詞唱白皆引自此書。

〔註24〕 王瓊玲分析《牡丹亭》的結構設計，在五十五齣的劇目中，除首齣〈家門〉

缺乏（愛情）→夢遇（相見）→遺畫（自畫像）→死亡（思念而亡）
→拾畫（科舉考試為驅策拾畫的動因）→冥合→還魂→成為佳侶（解
決反對力量：父母）

而在這樣的劇情結構下，《牡丹亭》中〈閨塾〉一齣中夫子陳最良的《詩經‧
關雎》教學和〈寫真〉中杜麗娘遺留的自畫像具有重要的虛實象徵意涵，各
自在戲劇中指涉著情節的連結，即對於詩教無法平復現實的匱乏產生了虛禮
與真情產生的天然詩情的追尋，一種實情的追尋，使得杜麗娘在生而自有的
心中真情的啟發下去推展戲劇的發展。

以〈閨塾〉引出情理衝突的動機，因整個劇的結構設計是湯顯祖表現一
種深情盡至的美學觀為構思基礎，一種「情」的最高可能，世教倫理與道學
都在杜麗娘戲劇行動的「敘情」之中，〔註25〕這便是整個劇的中心思想，所
以在〈閨塾〉表現出傳統詩學喪失天然的本質，〔註26〕因傳統詩學強調「發
乎情，止乎禮義。」〔註27〕的詩教觀點，詩歌情感應該必須合乎道德規範的
情，受到禮的調節，而湯顯祖在劇作中是將詩放回自然的情中去重新詮釋，
認為「情」是詩的由來，也是「志」的流露，更是禮義的基礎，所以在〈耳

外，可以分成三組情節段落：第二齣〈言懷〉到第二十齣〈鬧殤〉，寫杜麗娘
「自生而之死」；從第二十一齣〈謁遇〉到第三十五齣〈回生〉，寫杜麗娘「自
死而之生」，從第三十六齣〈婚走〉到第五十五齣〈圓駕〉，則寫「回生落實」。
全劇以此三組情節段落為主幹，以「情」與「理」的觀念衝突作為全劇的動
作主線，杜麗娘由人間（實）轉至陰間（虛）再回到人間（實）。詳見王璦玲：
〈論湯顯祖劇作與劇論中之情、理、勢〉，同註21，頁14。陳多亦分成生前、
魂遊和回生以後三個段落，並以想中緣概括生前入夢的情節，幻境緣概括死
後往陰間的情節，濁世緣概括在現世解決衝突的情節。見氏著：〈杜麗娘情緣
三境〉收於《戲劇藝術（105）》（上海戲劇學院學報：2002年1期）。

〔註25〕 同註21，頁14。

〔註26〕 【掉角兒】：「（末）論《六經》，《詩經》最葩，閨門內許多風雅：有指證，姜
源產哇；不嫉妒，后妃賢達。更有那詠雞鳴，傷燕羽，泣江皋，思漢廣，洗
淨鉛華。有風有化，宜室宜家。（旦）這經文偌多？（末）《詩》三百，一言
以蔽之，沒多些，只「無邪」兩字，付與兒家。」說出傳統詩教的宗旨，經
由春香的鬧學形成衝突，後春香發現一座大花園，花明柳綠，卻要被老師陳
最良取荊條打，亦形成衝突，而逗引著杜麗娘詢問有什麼景致，更可看見杜
麗娘所想知道的不是詩中的教訓，而是天然的詩情。參見〈閨塾〉，同註23，
頁35。

〔註27〕 〈毛詩序〉：「發乎情，民之性也；止乎禮義，先王之澤也。」此即詩教溫柔
敦厚的教化觀之中心綱領。詩序引自（漢）鄭玄箋，孔穎達疏：《毛詩正義‧
卷一》（台北：廣文書局，1971），頁8。

伯麻姑遊詩序〉：

> 世總爲情，情生詩歌，而行于神。天下之聲音笑貌大小生死，不出
> 乎是。因以憺盪人意，歡樂舞蹈，悲壯哀感鬼神風雨鳥獸，搖動草
> 木，洞裂金石。〔註28〕

既然湯顯祖肯定情生詩歌，所以在戲劇中藉由春香的鬧學引發杜麗娘欲往花
園尋春的想法，詩便是在「人生而有情」〔註29〕的意識下，藉由思、歡、愁、
怒的眞情實感。杜麗娘便是在戲劇行動中要表現這個「情」，又因戲劇的本質
是詩歌的，所以詩的象徵結構就在戲劇行動的展現中表現出來，故而推展出
〈驚夢〉與〈尋夢〉的情節，杜麗娘與柳夢梅在〈驚夢〉中同夢而相識繼而
幽歡的過程，在一個作幻的夢境空間中完成，〔註30〕杜麗娘一夢而亡的主因
是「情」的不可得，這便是湯顯祖提出的「因情成夢」的觀念，即將「情」
的本質內涵經由劇作的整體藝術傳達，將之象徵化，從而在戲劇情節的設置
方面，劇作家爲求表現「情」的主旨，可以以「作幻」的方式，使劇情脫離
尋常事理的約限，演出事實上不存在的物事，又不減損其所寫之情之眞實性，
故在戲劇意義上「生者可以死。」〔註31〕，這便是因人生而有情，情不可得
而亡，便害其所生，所以杜麗娘的死在戲劇意義上是一種呼應湯顯祖「貴生」
說的觀念，〔註32〕在「極情盡至」的意義上，要表現出眞實的自我，便是將
情的深刻即所謂的「至」表現出來，藉由情感去創作作幻的戲劇，繼而衍生
出「理」格，即戲劇思想；而「因夢成戲」即安排情節演出這種種事變的「勢」，
即指戲劇可能的方向，由〈閨塾〉到〈驚夢〉與〈尋夢〉要展現一種超越常
情常理的意義，這種超越現實的奇思妙想，在戲曲中形成具有奇特性的審美
意象，如杜麗娘在〈寫眞〉一齣中留下自己的自畫像慕色而亡，囑咐春香裱
裝收拾，因此在現世中留下一個動機，引發之後的劇情，在柳夢梅因科舉而

〔註28〕 同註3，頁1050。
〔註29〕 明‧湯顯祖〈宜黃縣戲神清源師廟記〉，同上註，頁1127～1127。
〔註30〕 明‧湯顯祖〈復甘義麓〉：「性無善無惡，情有之。因情成夢，因夢成戲。戲
        有極善極惡。」所指雖是〈南柯記〉與〈邯鄲記〉，然四夢在湯顯祖的創作中
        是有意識的以「夢」爲母題的創作，在戲劇主題上有所承接，所以在「作幻」
        的相關描述上可以互相參引。同上註，頁1367。
〔註31〕 同註23，頁1。
〔註32〕 戴連璋分析情之極致，通過完美的藝術形式，可使人潛移默化，復返性命之
        正，歸於眞實的自我。見氏著：〈湯顯祖與羅汝芳〉，頁257。見《中國文哲研
        究通訊（第十六卷）》（2006年），第七期，頁245～259。

鋪展出〈旅寄〉一齣遇見陳最良寄住紅梅觀，故有〈拾畫〉這樣的情節出現，杜麗娘與柳夢梅能以虛幻的鬼魂與現世的人身結合，是因為〈冥判〉中給予〈驚夢〉與〈尋夢〉一個原因，〔註33〕讓杜麗娘的眞情由虛枉的問：「夢魂中曾見誰來？」〔註34〕藉由花神的回答落實了兩人同夢的情緣，在〈冥判〉由杜麗娘親口問出姻緣簿中命定的緣分，這是一個重要的戲劇行動，〔註35〕由問出天命的緣分，從而肯定了杜麗娘〈回生〉的必然性「敢守的那破棺星圓夢那人來。」〔註36〕杜麗娘因眞情的動機所歷經的一切與發出的疑惑獲得了天命的肯定與保障，繼而讓杜麗娘由鬼魂的個人「虛情」在與柳夢梅眞正相遇後變爲還陽回生的「實情」，〔註37〕杜麗娘追求的情志到〈回生〉一齣已經實現，從第三十六齣〈婚走〉到第五十五齣〈圓駕〉，則是這個情志要如何在現世中被承認，由一種不被承認的「虛禮」，一種私結情緣的污點，到眞正「實禮」的佳緣，〈圓駕〉便是一齣解決衝突的必要戲，將父女情理的衝突完全在現實中展現出來，最後互相藉由曲文科白的對話後，皇帝聽完各自的疑問與解釋後給予判斷，杜麗娘因情而出入死生之間，這對相愛的人奇妙的結合最後能不能被世道承認這一點上，詔書〔註38〕以超過父母之命的一種更高的世道觀點，成爲在實禮上對兩人深情的認可與保證，更在最後兩人以一曲將題

〔註33〕 〈冥判〉【鵲踏枝】一曲中的道白「〔末〕是也。他與秀才夢的綿纏，偶爾落花驚醒。這女子慕色而亡。」同註23，頁151。

〔註34〕 同上註。

〔註35〕 〈冥判〉【寄生草】一曲中的道白「〔旦〕就煩恩官替女犯查查，怎生有此傷感之事？〔淨〕這事情注在斷腸簿上。〔旦〕勞再查女犯的丈夫，還是姓柳姓梅？〔淨〕取婚姻簿查來。〔作背查介〕是。有個柳夢梅，乃新科狀元也。妻杜麗娘，前系幽歡，後成明配。相會在紅梅觀中。不可洩漏。〔回介〕有此人和你姻緣之分。我今放你出了枉死城，隨風遊戲，跟尋此人。〔末〕杜小姐，拜了老判。〔旦叩頭介〕拜謝恩官，重生父母。則俺那爹娘在揚州，可能勾一見？〔淨〕使得。」同上註，頁153。

〔註36〕 同上註，頁154。

〔註37〕 戴璉璋分析此段以《周易·復卦》「初陽微動」來象徵杜麗娘與柳夢梅的感通相應，陰陽相成，有一種特殊的轉化生成功能，同註32，頁256。杜麗娘的復活是個體生死侷限的超越，可作爲「實情」的意義，即擺脫個人的「虛情」與「私情」。而杜寶的去執，是世俗社會成見束縛的解消，可作爲「實禮」的意義，即擺脫社會規範「虛禮」的壓抑。由此彰顯一美善相樂的價值領域。

〔註38〕 〈圓駕〉【北水仙子】一曲中的道白，(醜扮韓子才冠帶捧詔上)聖旨已到，跪聽宣讀。「據奏奇異，敕賜團圓。平章杜寶，進階一品。妻甄氏，封淮陰郡夫人。狀元柳夢梅，除授翰林院學士。妻杜麗娘，封陽和縣君。就著鴻臚官韓子才送歸宅院。」叩頭謝恩。同註23，頁349。

詞中的主旨「第云理之所必無，安知情之所必有耶！」對於情理的衝突作了一個總結：

【北尾】(生) 從今後把牡丹亭夢影雙描畫。(旦) 虧殺你南枝挨暖俺北枝花。則普天下做鬼的有情誰似咱！〔註39〕（湯顯祖，1999：349 頁）

這便是湯顯祖用戲劇表達自己將「情」放在更核心的意義去看，認為那才是人最核心的意義，甚至是超過「理」所能範設的部分，在「情」的展現中看能看出一個人的善惡成分，那便是其在〈復甘義麓〉中所言「戲有極善極惡」，此「極善極惡」所指就是戲劇中人物的典型性，以下便以杜麗娘來探討湯顯祖如何在人物這個典型性中的情志歷程表達一個戲劇的情志觀。

二、杜麗娘的情志歷程

關於戲劇的人物塑造，角色是一切情節的資源，其中心理層面的特質是影響人物造型最重要的部分，因為可由此看出人物的道德層面，指出劇本整體的思想內涵。因為戲曲的思想通常由人物的行動來表現，而情志的表現在戲劇意義中，情所指的是思想、意志、情感、慾望，由於戲劇中各個角色的動機並不相同，使情的內容各有區別，也正是在戲劇的架構中，角色的典型性都是要展現「情」的可能性，所以情之真者，出於人心之自然，而情之至，即盡這個自然之深情時，所表現即人心之正，不必在戲劇中特別討論理，因為寓理於情中，角色的戲劇行動正表現為情志觀的歷程。

進入戲曲角色的社會抉擇方面，〔註 40〕又可區分家庭層面，即一個角色從出生到老死，經歷不同的角色轉換，如杜麗娘由杜寶的女兒到陰間的鬼魂，後又成為柳夢梅的妻子，以及在社會層面上，也要經歷不同的角色變換，杜麗娘由千金小姐變為狀元夫人，都牽涉到人際關係的解決，中國哲學十分重

〔註39〕 〈圓駕〉【北水仙子】一曲中的道白，(醜扮韓子才冠帶捧詔上)聖旨已到，跪聽宣讀。「據奏奇異，敕賜團圓。平章杜寶，進階一品。妻甄氏，封淮陰郡夫人。狀元柳夢梅，除授翰林院學士。妻杜麗娘，封陽和縣君。就著鴻臚官韓子才送歸宅院。」叩頭謝恩。同註23，頁349。

〔註40〕 中國社會價值體系從整體上趨向於將家庭中的長輩視為社會秩序的維護者，青年人對於自己的婚姻以及愛情，比較關注其感情上的價值和意義，而年長者對於婚姻及愛情，則比較注重它的功利性，關注它對於一個家庭的實際意義，愛情題材的戲曲作品，除了表現人們對於愛情的忠貞外，還表現出戲曲作者以及一般觀眾有別於日常生活中的既定的倫理道德觀念，例如強調愛情被家庭或社會壓抑的部分。詳見傅謹：《戲曲美學》(台北：文津出版社，1995年7月初版)，頁 175～185。

視道德與倫理的協調，使得中國古典美學的特徵在人，〔註41〕所以在中國思想中人性論便是一個核心議題，在儒學中更是如此，各代都在人格美的探討中發展各種藝術，戲曲以代言體作爲表現藝術，更容易展現一個人物的人格成分，而湯顯祖以「情」作爲人更核心的特質，來源於泰州學派的羅汝芳，所以曾言「某與吾師終日共講學，而人不解也。師講性，某講情。」〔註42〕的看法，將情作爲藝術創作的最高範疇，故從而言情感而產生夢的作幻意識，因作幻意識而有戲曲創作的靈感，這是更進一步提出創作意識的論述，便是屬於戲曲美學的觀念。

王璦玲從時代戲曲美學看，晚明的李贄、湯顯祖的戲曲意識，是一種強調「情」在境界上的深度的內省式觀照，強調以眞情作爲戲曲創作的出發點與內在動力，所以在分析明代晚期的湯顯祖的戲曲觀點時將《牡丹亭》在美學上定義爲極力敘寫杜麗娘一個人。〔註43〕整部戲曲正是藉著一個角色一個故事，標出天地間一種情感深至的典型，情節強調委曲盡致，由此探討「情」的最高可能，在戲劇這種特殊的藝術表現中，將「情」的本質內涵，經由劇作的整體傳達而象徵化爲戲劇意義，即由此確認了杜麗娘的戲劇行動是爲了表現《牡丹亭》的「情志」主旨，正符合湯顯祖〈牡丹亭・題詞〉所言「天下女子有情，寧如杜麗娘者乎！」〔註44〕對照溝口雄三論及明末清初的「理觀」轉變時，〔註45〕也分析出泰州學派後期的理學家都有一種將正當的人欲

〔註41〕 重德重和，以德爲中心，藝術要從屬於德，美要從屬於善，從屬於和，重和使中國古典美學的重點在人，藝術具有突出的倫理性，倫理關係實現必須要通過個體情感的推動，所以戲曲重視情感的抒發和體驗，重視情感的眞實無偽與善的統一，導致戲曲重視人物的道德心理描寫，由道德心理體驗走向審美體驗。詳見吳毓華：《戲曲美學論》（台北：國家出版社，2005 年），頁 13～33。

〔註42〕 〈批點牡丹亭題詞〉，同註 3，頁 1544～1545。

〔註43〕 詳參王璦玲〈晚明清初戲曲審美意識中情理觀之轉化及其意義〉，《中國文哲研究集刊（第十九期）》（中央研究院中國文哲研究所，2001 年 9 月），頁 215～223。

〔註44〕 同註 23，頁 1。

〔註45〕 「理觀轉移」是由溝口雄三提出，爲研究中國哲學中「宋明理學」以來討論的關於「社會」、「人生」、「自然」問題的總總概念，認爲明末清初的「理觀」是一種將「人欲」中的所有欲與生存欲，這種由社會關係所產生的「社會慾望」去觀察，認爲「仁」就是一個個社會性慾望如何讓天下人都滿足的問題，見氏著：〈論明末清初時期在思想史上演變的意義〉，辛冠潔編：《日本學者論中國哲學史》（板橋：駱駝，1987 年），頁 427～451。

視爲天理的理觀，即在人欲中加入所有欲和生存欲，一種社會關係所產生的社會慾望，認爲要從理觀的轉變來陽明學內部的轉移與分裂，所以泰州學派的後期便有一種衝擊禮教形式的精神，但仍是在理學倫常脈絡的思維中，更強調「良知」眞情的呈現。

戲曲中的杜麗娘在以一個「知我常一生兒愛好是天然」〔註 46〕的傳統千金小姐的角色特質，在〈鬧學〉一齣中，杜麗娘於《詩經》的閱讀中並沒有展開戲劇意義中對於情的探問，反而在後花園賞花的過程中發現自己內在的需求中的情，從景物的興象遊覽中以【皂羅袍】一曲唱中自己心中的感傷：

> 原來妃紫嫣紅開遍，似這般都付與斷井頹垣。良辰美景奈何天，賞心樂事誰家院。〔註 47〕

爲何美好的園林仍不能滿足自己心中的愁悶，在【隔尾】一曲的道白中說出了杜麗娘的自傷：

> （長嘆介）吾生於宦族，長在名門。年已及笄，不得早成佳配，誠爲虛度青春，光陰如過隙耳。（淚介）可惜妾身顏如花，豈料命如一葉乎！〔註 48〕

繼而夢到柳夢梅，一種模糊虛幻的影像，那個內在的需求才被自己發現，一種情的探問與追尋，繼而有〈尋夢〉中【江兒水】唱出自己的內心：

> 偶然間心似繾，梅樹邊。這般花花草草由人戀，生生死死隨人願，便酸酸楚楚無人怨。待打併香魂一片，陰雨梅天，守的箇梅根相見。
>
> 〔註 49〕

問而不可得，故慕色而亡，陰間有知，繼續問著那個情的眞實性，故而〈冥判〉中的姻緣簿讓杜麗娘知道同夢的事實，並得到緣分的肯定，繼而以鬼魂的形象與柳夢梅相見繼而相愛，只有情眞才能讓虛情的夢成爲現實的情，所以〈回生〉一齣後兩人都要在現實中解決困難，柳夢梅要成就自己的功名，杜麗娘要讓虛情成爲實禮，而時代正在戰亂之中，在各種事變之中，柳夢梅因誤會而遭到杜寶的拷打，杜麗娘也因死而復生的駭俗不被父親承認，所以〈圓駕〉是透過這些衝突讓杜麗娘的情志從藝術情境落實在現世情境的關

〔註 46〕 同註 23，頁 59。
〔註 47〕 同上註。
〔註 48〕 同上註，頁 60。
〔註 49〕 同上註，頁 74。

鍵，戴連璋分析此段以《周易・復卦》「初陽微動」來象徵，〔註50〕杜麗娘與柳夢梅的感通相應，陰陽相成，有一種特殊的轉化生成功能，杜麗娘的復活是個體生死侷限的超越，可作為「實情」的意義，即擺脫個人的「虛情」與「私情」。而杜寶的去執，是世俗社會成見束縛的解消，可作為「實禮」的意義，即擺脫社會規範「虛禮」的壓抑，由此彰顯一美善相樂的價值領域。在生、死、夢、覺的作幻場景中，從戲劇美學中表現出杜麗娘個人情志面對著現實世界的感受，所以要面對人倫中的各種角色的質疑，杜寶、杜母、陳最良、胡判官、皇帝，最後由現實中最高的權威皇帝詔書讓杜麗娘的情志在現實中具有一個合理性的保證，也使全劇在由「虛」落「實」的結構中展現了杜麗娘追求情志的歷程，也在一個藝術場景中表現出典型性，使得湯顯祖情至觀中將情作為核心的關鍵，由杜麗娘在戲曲中情志的追求歷程得到了一個美學的呼應。

四、結　論

　　從湯顯祖的學習過程可以明顯發現一條沿著理學中屬於心學的泰州學派淵源，相關學者研究認為傳羅近溪之學者是湯顯祖，與其說在湯顯祖是一種對理觀的反對，不如說是一種對理觀的補充，應從「理觀」的轉變來看整個明代的思想，明代在「欲」中加入了一種社會關係中的生存欲與存有欲，從「理觀」去理解，泰州學派在淮南格物說的基礎上，啓發了一種人人成聖的內在需求，對於泰州學派與湯顯祖的釐清，可以對於湯顯祖的戲曲意識有一個結合時代的開展。

　　而真正進入湯顯祖的戲曲意識中要關注到湯顯祖提到的「因情成夢」，「情」是表現戲劇的主旨，「夢」是情節結構的特殊形式，即「作幻」的部分，所以在作為戲曲意識關鍵的「情」字概念上需要具有一種分辨，湯顯祖在戲劇中把「情」與「理」的關係放在「勢」，因情所真而受制於理之勢時，會導致情在而理亡，情不真而屈從於勢時，會導致勢合而情反，而要確認這個部分便要從劇情結構去分析情理衝突的部分，也要考察杜麗娘面對這些衝突的情志趨向，這可以從劇作中去看出湯顯祖用戲劇要表達出的理念，在美學的脈絡中，從夢歷牡丹亭到親歷牡丹亭，一種情勢逼得杜麗娘暮色而亡；

〔註50〕　戴連璋亦分析〈圓駕〉一開場唱的〈點絳脣〉：「寶殿雲開，御爐煙靄，乾坤泰。」是湯顯祖有意藉由此曲文告訴我們，真情的極致，終於可以「天地交，而萬物通也，上下交，而其志 同也。」同註32，頁256。

在冥判中面對姻緣簿記載「前係幽歡，後成明配」，一種命勢使得杜麗娘還陽而生；最後在皇命的一種理勢下，情亦沒有與其對抗，而終成和諧，所以戲劇結構本身所表現出的是一種情在衝突下的順理成章，藉由杜麗娘的戲劇行動將藝術情境落實在現世的情境中，在生、死、夢、覺的作幻場景中展現杜麗娘情志追求的藝術性，最後回到一個現實的場域中回應所有的質疑，繼而從戲劇美學中表現出杜麗娘個人情志面對著現實世界的真實感受，由此看出湯顯祖是藉由戲曲回應明代泰州學派情感需要體入良知，情、理是相依的思想。

參考文獻（按作者姓名筆劃順序遞增排列）

一、專書

（一）傳統文獻

1. 明・湯顯祖著，徐朔方、楊笑梅校注，《牡丹亭》，台北：里仁書局，1999年初版三刷。
2. 明・湯顯祖著，《湯顯祖集（二）》，台北：洪氏出版社，1975年。
3. 明・湯顯祖著，《玉茗堂尺牘》，上海，上海遠東出版社，1996年12月。
4. 明・羅汝芳著，《盱壇直詮》，台北，廣文書局，1996年。
5. 清・黃宗羲著，沈芝盈點校：《明儒學案（下冊）》，北京：中華書局，2008年一月二版二刷。

（二）近人論著

1. 八木澤元著，《明代劇作家研究》，台北，中新書局，1977年。
2. 王璦玲著，《晚明清初戲曲之審美構思與其藝術呈現》，2005年。
3. 左東嶺著，《王學與中晚明士人心態》，北京，人民文學出版社，2000年。
4. 布魯凱特著，胡耀恒譯，《世界戲曲藝術欣賞》，台北：志文出版社，1994年。
5. 李惠綿著，《戲曲批評概念史考略》，台北：里仁書局，2002年
6. 吳毓華著，《戲曲美學論》，台北：國家出版社，2005年。
7. 徐朔方著，《湯顯祖評傳》，南京，南京大學出版社，2001年。
8. 亞理斯多德著，姚一葦譯註，《詩學箋註》，台北：台灣中華，1989年。
9. 孫崇濤著，《戲曲十論》，台北：國家出版社，2005年。
10. 張庚、郭漢城著，《中國戲曲通史（二）》，台北：丹青，1986年。
11. 張庚、蓋叫天等著，《戲曲美學論文集》，台北：丹青，1986年。

12. 華瑋主編，《湯顯祖與牡丹亭（上、下）》，台北：中央研究院中國文哲研究所，2005 年。

13. 曾永義著，《論說戲曲》，台北：聯經，1997 年。

14. 曾永義著，《中國古典戲劇的認識與欣賞》，台北：正中書局，1911 年。

15. 曾永義著，《中國古典戲劇論集》，台北：聯經，1986 年。

16. 程芸著，《湯顯祖與晚明戲曲的擅變》，北京：中華書局，2006 年。

17. 費海璣著，《湯顯祖傳記資料之研究》，台北：商務印書館，1974 年。

18. 趙山林著，《戲曲散論》，台北：國家出版社，2006 年。

二、期刊論文

1. 王璦玲，〈論湯顯祖劇作與劇論中之情、理、勢〉，《湯顯祖與牡丹亭國際學術研討會》（2004 年）。

2. 古清美，〈羅近溪悟道之義涵及其功夫〉，《臺大中文學報》第 16 期（2002 年 6 月），頁 143～172。

3. 辛雪峰，〈儒家思想對傳統戲曲型態的影響〉，《當代戲劇》2005 卷第 6 期（2005 年）。

4. 陳多，〈杜麗娘情緣三境〉，《戲劇藝術（105）》，上海戲劇學院學報 1 期（2002 年）。

5. 鄒自振、羅伽祿，〈論羅汝芳對湯顯祖的影響〉，《福州大學學報（哲學社會科學版）》，第 4 期（總期第 80 期），2007 年。

6. 溝口雄三：〈論明末清初時期在思想史上演變的意義〉，《日本學者論中國哲學史》，台北：駱駝，1987 年。

7. 戴連璋，〈湯顯祖與羅汝芳〉，《中國文哲研究通訊（第十六卷）》，第七期（2006 年）。